+DA ТОП

LUMINEERS®

прекрасна улыбка. прекрасны вы.
www.russian-lumineers.ru
ОФИЦИАЛЬНЫЙ СПОНСОР

+DA Top * 7-9 2010 * plusDA Publishers * www.plusDA.com

ПОЭЗИЯ

Антология современной русской поэзии

Главный редактор – Расуль Ягудин
Арт-директор – Алик Верный

I0161794

ТОП20
лучшие поэты
РОССИИ
И МИРА
7-9 2010

Пока существует такой язык,
как русский, поэзия неизбежна.
Иосиф Бродский

РАСУЛЬ ЯГУДИН*ЮРИЙ КАПУСТИН*
ЕВГЕНИЙ ЧЕКАНОВ*ТАТЬЯНА КАЛАШНИКОВА*
МАРИНА ВОРОНОВА*ВАЛЕНТИНА ГУСЕВА*
ЭВЕЛИНА РАКИТСКАЯ*СВЕТЛАНА СУСЛОВА*
ВЛАДИМИР ТОКМАКОВ*МАРИНА САВВИНЫХ*
ЛЕОНИД СКЛЯДНЕВ*ИРИНА АРГУТИНА*
МИХАИЛ ЮПП*ВАЛЕРИЯ СТУПЕНКОВА*
АЛЕКСАНДР НИКИТЕНКО*ВИКТОР ФЕТ*
АЛЕКСЕЙ БОКАРЕВ*АЛЕКСАНДР ФАЙНБЕРГ*
МАРИАННА ГОЛОДОВА*
АЛИК ВЕРНЫЙ

+DA/plusDA Publishers +DA
www.plusDA.com

+DA TOP 20 * Almanac * Best Russian Poets 7-9 2010

All right reserved

ISBN-10 0-98284-043-8
ISBN-13 9780982840436

© Составитель Ягудин Р.М., 2010
© plusDA Publishers, 2010
Издатель: plusDA Publishers, New York
Арт-директор, обложка, графика и титул — А. Верный
Компьютерный набор и верстка — Владлен Феркель

Address: plusDA Publishers, PO Box 1183, LIC, NY 11101, USA

+DA Top * 7-9 2010 * plusDA Publishers * www.plusDA.com

СОДЕРЖАНИЕ

+DA/plusDA Publishers
www.plusDA.com +DA

СОДЕРЖАНИЕ

Содержание

Евгений Чеканов (Ярославль)   41

Марина Саввиных (Красноярск)   141

Леонид Скляднев (Израиль)   159

Ирина Аргутина (Челябинск)　　173

Михаил Юпп (США)　　185

Валерия Ступенкова (Иваново)　　191

Александр Никитенко (Кыргызстан) 205

+DAтоп

Расуль

Расуль ЯГУДИН (Уфа)

Расуль Ягудин родился в 1963. Педагог, филолог, журналист, публицист, поэт, прозаик. Публиковался во многих изданиях России, ближнего и дальнего зарубежья, автор нескольких книг. Работал разнорабочим, грузчиком, стропальщиком на стройке, монтировщиком декораций в театре, лаборантом, затем инженером в НИИ, учителем русского языка и литературы в школе, корреспондентом в газете…

Член Союза журналистов Башкортостана (Уфа), член Союза журналистов России (Москва). Член Международной федерации журналистов (Брюссель). Член Объединения русских писателей Башкортостана. Член Союза российских писателей. Председатель Творческой группы «Фантастика Башкортостана». Создатель и главный редактор художественно-публицистического журнала «Литературный Башкортостан».

Расуль

Молясь на Мекку и Восток

Саше Багировой

Не обернувшись никуда
и не ответив эсэмэскам,
забыв само-то слово «да»,
в дворы развешанных по лескам

глаза таращивших лещей
мы схоронились почему-то,
то положение вещей
не отрицая слишком люто,

когда, настигнув нас, зима
вдруг обожгла морозом спины
и ты сказала: «Я сама» -
и вышла оползнем из глины,

ломая стены, как стекло,
и плача чёрными слезами…
Ну, вот – опять не повезло.
Ну, вот – опять всё сами, сами.

Кантри

Опять привал у пыльных гор
за ламинантными песками,
где зыбь тарантуловых нор
забив последними носками,
«Вот-вот откроется Стамбул», —
ты мне,
смеясь и корча рожи,
сказала.
Ветер дул и дул.
И мы так были непохожи.

Я отряхнул песок с сосков
твоих,
содрав, как кожу, майку,
был привкус крови[1] и песков
у этих губ…

Мою малайку[2]
припомнив,
я смотрю на свет
её, малайкину, картинку,
где мне всего под сорок лет
и где я гляжу телом спинку
с прозрачным рядом позвонков
почти всегда солоноватых,
и ты,
в сандальях без носков,
не оттаскав меня на матах,
кончая, гнёшься на излом,
как слёзы, смаргивая блёстки.
И мне всё грезится наш дом
у пыльных гор на перекрёстке

* * *

Всё время пусто на балконе
и окончательно зима,
на этом городе, как зоне,
кружится вороном сума,

она так хлопает натужно
пустым подсумком на восход.
Зачем-то это очень нужно:
чтоб — никого, и чтоб — вот-вот

---

[1] От сухого ветра и жары губы трескаются.
[2] Малайка (башк.) — пацанка.

вдруг обнаружились бы сразу,
чадя, те дымные балы,
где я всё гладил ту заразу,
желая сглаживать углы,

и где привычно над балконом
согрелся телом изнутри,
считая годы по воронам:
раз-два и три, раз-два и три…

* * *

Мосток колышется вместе с речкой,
и пахнет холодом из-под рук.
Моя родная,
истаяв свечкой,
не оборачивайся на звук.

Пусть всё шатается телом липа
и долго падает в руки пух,
пусть мы оглохли от слёз и скрипа
раздетых ветров, как оплеух.

Не оборачиваясь из веток,
ломая телом, как льдину, ночь,
я всё равно бы,
хоть напоследок,
не оборачивался бы прочь.

И пусть, осыпавшись с тела, росы,
остынут к утру, как камнепад.
Не отвечая на все вопросы,
не оборачивайся назад.

* * *

На гололёде, как паркете,
танцуют вальсы упыри.
Давай левее, чем все эти
балы, как ночью пустыри.

Здесь всё останется, как прежде,
в навек покинутой зиме.
Тебе, в распахнутой одежде,
я не напомню о суме.

Морозы с плеч сползают тенью.
Всё тише бубны позади.
Не плача по хитросплетенью,
я прислонил тебя к груди

и до последнего заката,
как смерть, форсируя тот зал,
от голенища, как от ската,
не оттерев последний бал,

повёл вперёд по перекрёстку,
нам подмигнувшему зрачком,
храня, как звёздочку, ту блёстку
слезы правее над виском,

по снегу, как пустой породе,
под освещенье в восемь глаз…
Ещё «квадрат» на гололёде,
и пусть они забудут нас.

* * *

Не долетев опять до поворота,
во мраке, словно в сморщенном седле,
не дожидаясь этих и чего-то,
вот я опять болтаюсь на крыле.

Роняются под ноги мне закаты,
как грязью, заметая галуны,
туги, хмельны, прозрачны и покаты,
прохладные с обратной стороны.

И — что ж! — вдохнув, как поцелуя, яда
из-под туманов с видом на балкон,
по кромке звёзд изломанного ряда,
пора!, ну, наконец-то вышел вон,

и виражом меняя положенье,
молясь на руки, Мекку и Восток,
закончив предпоследнее движенье,
я, Боже, окончательно всё смог.

* * *

Так горек, как миндаль со спиртом,
твой поцелуй.
Я вот опять
несу тебе корзинку с миртом,
как будто возвернулось вспять

то время.
Вон твой контур тела,
где затвердел гранитом пляж.
Ты, верно, этого хотела
уже к утру, когда я в раж,

к буйкам протягивая руки,
вошёл,
вдруг старый и больной,
и не нашёл тебя, где брюки
за откатившейся волной

плелись с вихлянием подола.
Но ты —
когда луна нова
была —
была вот здесь у мола,
шальна, глазаста, как сова…

И застегнув мои манжеты,
я всё иду на этот мол,
зачем-то помнящий всё это
и, как тогда, и стар, и гол.

* * *

Как крылья, падающий день —
и вот совсем уже стемнело.
Я поднимаю мой кистень,
как флаг идущего на дело

последнего из фраеров,
всё время помнящего также
тепло заброшенных дворов
и венчик губ со вкусом сажи.

Метнулась кошка за порог.
Ну, вот и мы уже выходим.
Позёмка хладна возле ног,
и мы идём, как хороводим.

Да. Что же?
Милая, пора
и нам, танцуя по Голгофе,
нашарить крест,
где кобура
пропахла молотом и кофе.

И пусть,
оставшись позади,
в следах и листиках, обломки,
других крестов,
как на груди, согреются на той позёмке.

* * *

Ты сегодня не без лоска,
что немножечко не то,
где в танцзале запах воска
и где пыль, как в шапито.

Вот, ломаясь по паркету,
ты встаёшь на пальцы ног.
Я, тебя запомнив эту,
так, о, Боже и не смог,

отвернувшийся от зала,
отвернуться от тебя
в витражах, где ало-ало,
насовсем перерубя

твои волосы, как ванты,
на последнем полу-ли[1],
где опавшие пуанты,
словно в золоте, в пыли.

---

[1] Ли — китайская мера длины, представляющая из себя скорее философскую категорию, значимый отрезок пути до окончательной цели, этап. Формального арифметического воплощения не имеет: по Иакинфу, как заверяют Брокгауз и Эфрон, составляет 267 саж. 6 фт., по другим источникам — то 400, то 500 метров, однако при этом 1000 ли обозначают бесконечность. Кстати, во многих странах не существует научных степеней математики, а учёные, достигшие впечатляющих достижений в этой области, получают степень, например, доктора философии.

Мариночке из Ишимбая

* * *

Опустевшая танцплощадка,
что ж ты снишься мне под зарю?
Там зелёнкой воняла ватка,
та, которой —
благодарю! —

я на вашей ноге порезы,
вами вытянутой вперёд,
всё ласкал, заряжая дезы[1]:
что, мол так… но… наоборот…

Но закончился снежно-вьюжный
преддекабрьский школьный бал,
где на школе в районе «Южный»[2]
я всё врал тебе, врал и врал…

И сегодня идя по шаткой
зарождающейся зиме,
провонявшей зелёнкой с ваткой,
не напомню вам обо мне.

* * *

Я выбросил последнее манто,
когда-то согревавшее вам плечи
в глуби мехов…
Но это всё не то,
о чём бы я бы вёл бы эти речи,

когда бы вы стояли впереди,
склоняя опахалами на щёки
ресницы…
эти —
те, что у груди
моей,
как стрелки, считывали строки

секунд до тёмной ледяной зари,
вползающей метелями под двери,
как и когда вы, буркнув: «Не ори»,
в мехах, как зверь,
ушли, как ходят звери

---

[1] Деза (жарг.) — дезинформация или попросту враньё.
[2] Южный — микрорайон в Ишимбае, где жила и училась
в школе Маринка.

* * *

По кочкам на велосипеде
я, как когда-то, жму и жму,
чуть косолапя, как медведи,
которых строго по уму

всё объезжаю, подлетая
от кочки к кочке: раз и раз…
как будто заново листая
листы, где вписаны о нас

с тобой остатки строчек,
пропахшие слепым дождём,
который слизывая с мочек
твоих, я молвил: «Так идём?»

и, накреняясь на повороте
от столь тяжёлой позади
твоей притиснувшей плоти,
стонал оставшимся в груди

остатком сердца без движенья,
сквозь спину льнувшее к тебе
из хоть какого положенья,
как кошка не по ворожбе.

* * *

Ничего не видно из-за тени,
разграничившей тебя со мной.
Я по комьям мрака, рвя колени,
никогда не меряным длиной
сотню лет
вползаю с глыб на глыбу,
всё роняя клочьями тепло
твоих губ и рук на эту дыбу,
на которой холодом мело
и сто лет назад, когда впервые
я, тобою брошенный,
к тебе,
всё вперёд вытягивая выю,
полз,
с боков ободранный в гурьбе
так изломанного, тёплого, как тело,
неба, не дождавшегося нас…

Ты, конечно, этого хотела,
по-кошачьи сжмуривая глаз,
ожидая на краю парсека,
что, ободран, жарок, я приду
с этим светлым ликом человека,
клочья солнц снимая на ходу.

* * *

Случайно было: вечер, ночь
и ты в окне, как призрак ночи,
намылившись всецело прочь,
вдруг повернула ко мне очи,

перекрутив всю шею в жгут,
дрожа звездой на нижнем веке,
на том, что слева.
Что ж — я тут
при этом лучшем человеке.

И вот — закончилось вокруг
всё-всё не нужное нам больше.
Я целовал прогибы рук
всё дольше, дольше, дольше,

роняя с пальцев в клочья мглу,
совсем изорванную нами
на этой скатерти в углу
близ этой рюмки при сто-грамме,

и вынырнув из русых косм,
уже боясь смотреть на груди
твои, весь этот макрокосм
вдруг преподнёс тебе на блюде,

распаренный, дымясь в мороз,
приподнимаясь на носочки
к тебе, к которой рос и рос
стихом, заклеенным по строчке.

+DA ТОП ПОЭЗИЯ

* * *

Эй, подружка, где же кружка[1],
где ты бродишь по снегам,
как всегда, по-петербуржски,
затевая шум и гам.

Кто тебе целует пальцы?[2]
Кто хватает за живот?
Это снова португальцы[3]
разгулялись: вот… и вот…

Не ходи там по бордюрам,
не катайся на ветрах.
Я тебя вот этим дурам
не отдам на трах-трах-трах,

что, линяя с поворота,
как русалки, увлекли,
как на дно, на запах пота
к тем дверям, где «три-ли-ли»,

всю тебя, увы, родную,
не достойную того,
чтоб такую вот одну я
не забыл, сказав: «Всего!»,

сумасшедшую, как тройку
без оглобель и саней.
Я люблю тебя, как слойку
осьмнадцати граней[4].

Я люблю. Молчат просторы.
С окон падает вода.
Эти ночи, как заборы.
Эти лица, как из льда.

И метёт,
уж мне ботинки,
заметя до голенищ…
Вот он я на сей картинке —
позаброшен, сир и нищ.

---

[1] Слямзено у А. С. Пушкина.
[2] Слямзено у Александра Вертинского.
[3] Слямзено оттуда же.
[4] Адаптированный прикол из моего детства: «Я люблю тебя,
как булку с маслом, ты мне дороже двух конфет».

* * *

На горе от солнца стало плотно.
Тень огромна, павшая со сна.
— Я, наверно, вроде, перелётна, —
ты сказала мне из-за окна.
Дышит тамбур паром и дымами.
Вот и мост, ну, вот и всё, прощай!
Запевайте, что ли, между нами,
издали похожими на май.
Наш вагон кренится на уклоне.
В кружках тёмным плещется вода.
Я тебя, как вьюгу на перроне,
упустил меж пальцев вот сюда.
Так налей ещё по пол-флакона.
— Как тебя?
— Как хочется.
— За нас!
На дуге второго перегона
пригласите, милая, на пляс.
А на шпалах солнце вдоль дороги.
И на вас глядят из-за спины.
На руках так звонки ваши ноги
в крошках льда с обратной стороны.

* * *

Все меньше неба, если рано
при пробужденье в сентябре.
Ты поутру все чаще пьяно
мертва на свернутом ковре.

Все больше птиц на тех карнизах,
охочих до меня и нас.
Они в туманах, словно ризах,
и вот-вот-вот сорвутся в пляс.

А нам за двадцать — как могила!
О Господи, ну вот и все!
Ты вспоминаешь то, что было,
кусая пальцы и кольцо.

И никого у побережья
чужого неба в блестках звезд.
И я все реже, реже, реже
тебе несу букеты роз.

А день летит на наши плечи,
такие старые меж риз.
Ну, мы уходим?
Легче, легче
при заступанье на карниз.

* * *

Как тонки ваши руки на стекле
окна наверх перед тугим бураном,
мы много не допили на столе,
уйдя вперёд за брошенным туманом.

Ты пахла светом, словно молоком.
И нас забыли вмиг все те, что были.
Нас всё вели сквозь солнце над песком
летящие наверх автомобили.

Шипела галька от касанья пят,
молчали горы снежные чуть выше,
был день грозой, как чёрной дланью, смят
на неподвижном каменном Илише.

И пальцев вкус,
как мёда,
от вина
мне напрягал при поцелуе скулы,
нас всё вела ненаша кутерьма
туда, где пели ветрами аулы.

И звук на шее тонкой жилкой жил,
мне возле уха холодя рассветы.
И я вам к утру не договорил
две ноты из последнего куплета.

* * *

Мороз навстречу лунным светом.
Дождитесь кто-нибудь меня.
Здесь всё не так, как было летом,
и здесь всё та же кромка дня.

Ну что ж вы? Кто-нибудь? Ну?
Что ли
вы не дождались?
Это так.
И только слева в лунном поле
горит надломленный стоп-знак.

Мне повернулся под колёса,
как чёрный холод, тёплый снег.
Истлела дымом папироса.
И я почти не человек.

Упруги тени за кюветом.
Ночь опадает на стекло.
Здесь всё не так, как было летом,
и мне почти не повезло.

Но ты всё ждёшь и ждёшь в прихожей,
ломая пальцы у окна.
И я всё ближе,
краснорожий,
тобою вырванный из сна.

* * *

Мне свет обдул лицо прохладой,
крошась, как лицами, дождём.
Здесь никого за колоннадой,
такой тяжёлой на подъём.

Немножко щебня на щебёнке —
я запылился до колен,
и здесь, как прежде, так же звонки
ненаша ночь и прах, и тлен.

Вот поскользнулся я в фанфары
на переходе вверх из дня —
они, наверно, очень стары,
так долго ждавшие меня.

И в ночь, как чёрную портьеру,
я заворачивался вниз
и, в розы срыгивая серу,
вставал к тебе из этих лиц…

Но вот закончилось всё это:
прохлада лета, шум и гам.
Ты говорила мне из света:
«Я никогда тебе не дам».

И мостовые через бары
нас всё вели, маня… маня…
под очень старые фанфары,
давно забывшие меня.

+DAтопПОЭЗИЯ

* * *

Последний день угас под эстакадой.
Ну, наконец, мы чище и одни.
Уже идут сентябрьской прохладой
на переходе скомканные дни.

Раскрылся ветер,
словно крылья, белый.
Давай вперёд, где небом пахнет лес.
Вы мне казались тёплой и дебелой,
когда я вас оплакал наотрез.

Метнулась тень от туч, как от калитки.
Вот шевельнулось сбоку словно смерть.
И по ладам последних вальсов Шнитке
я выхожу на свет и круговерть.

А то — всё ближе.
Дай мне, что ли, руку.
Уже открыто прямо и вперёд.
Уже тебя, как брошенную суку,
я отпеваю с плачем наотлёт.

А день цветёт всё медленней и туже.
Как ломки звёзды снизу возле ног.
Как мне остыть на холоде снаружи,
где я тебя опять не превозмог?

Но снова — вот и зной у Акапульки,
замшелы стены, словно бархат рук,
и к чёрной фотке с надписью «Расульке»
меня ведёт ненаш и многорук.

И нет тебя,
оплаканной на крене
чужого ветра,
скошенного в вой,
где я ласкал раскрытые колени
на затемнённой слева мостовой.

* * *

Ну, вот и всё, что было —
две тетради
на входе в двор, где сломана скамья,
где по дорожкам,
вытоптанным сзади,
ну, вот опять к нам возвращаюсь я.

Пылит природа сушью и цветами.
Здесь, как обычно, всё
всё время зря.
И вот опять на двор, как на татами,
я вышел, ничего не говоря.

Всё та же
та узорная ограда,
мне фуги подбиравшая на слух,
и мне от вас ну ничего не надо,
как и когда я был так лопоух.

Открыты дверью скриплые ворота
среди чужих всё тех же лопухов,
здесь, как всегда, тот мимолётный кто-то
опять не спит до третьих петухов.

И я опять один на той скамейке,
где так же душно, Господи, уже.
Эй, кто-нибудь,
под стансы канарейки
спляшите вальс в безлунном гараже!

А день молчит
так ржав в щелях, где доски.
И никого, где вечно были мы.
Лишь только я в заржавленной матроске
всё подхожу к себе из кутерьмы

и, мёртвый,
в ожидании ответа,
не расплескавший свет из-под бровей,
смотрю в себя из брошенного лета,
где нас всегда оплакивал сабвей…

И вновь один на ломаном морозе,
и вновь смотря в себя на темноте,
здесь
возле солнца в скорчившейся позе,
я всё не говорю о нас «вон те».

Воспоминание

Мы не понравились друг другу
тогда,
у выхода с угла.
Толпа сворачивала к югу,
где всё танцуют и зола.

И вот —
и ты снялась за ветром,
роняя с рук мой стон и вопль.
Я разглядел за километром
твой утомлённый пасадопль.

С угла несло цветами вишен.
Кончался май, как апогей.
Ну, почему же я не слышен
вот этой,
сгинувшей вдруг ей?

А мусор вился на бордюре,
ориентированном в свет.
Я задыхался в «Сигнатюре»,
и было мне семнадцать лет.

* * *

Зацветают к ночи груши,
покорёжены в пыли.
Ты всё то же: «Слушай, слушай…»
Ты всё та же, Натали.

На деревьях расплетались,
словно косы, облака.
Здесь когда-то мы расстались,
здесь… когда-то… на века.

Вот они — века:
всё те же
тридцать лет, как тридцать слов,
я крутился на манеже
среди вымытых полов.

И за светом, как кулисой,
ты стояла, так близка.
Я назвал тебя Ларисой
после третьего глотка.

Тень за тенью, словно годы.
Шёпот тих на фоне дня.
Ты не делала погоды,
появляясь у меня.

И вот тридцать, как минута,
стали прошлыми в пыли.
Вам спасибо,
что как будто
вы здесь были, Натали.

* * *

Пошёл позёмкой ветер из июля.
Ну, где же ты в клубах, где свет и свет?
Стоял муссон,
и ели кверху гнули
верхушки рук, ласкающих твой след.

Вот ты мелькнула в пламени и бездне.
Кренился в крен, ломаясь, небосвод,
и я ловил,
укрывшийся в подъезде,
твой за плечо отброшенный восход.

А мир слезился молниями косо,
бежали люди, руки теребя…
И ждал, и ждал,
как чёрный знак вопроса,
последний смерч, желающий тебя.

Веронике Портновой
на день совершеннолетия

Смятенный вкус духов, воды и пота
на белой шее в тени у дверей.
На ваших веках синим позолота
отсвечивает в свете фонарей.

Пылают лампы с раскалённых улиц.
Погас твой шёпот ближе к девяти.
Ну, вот, пора — и мы уже обулись,
готовые к неблизкому пути.

Не остывайте перед входом в вечер.
Я так согрелся телом и душой.
Не умолкай, склонив мне руки в плечи
в дожде на кэпээме под Шакшой[1].

Наш город влажен от тоски и неги.
И пахнут лоном женщины дубы.
И фонари во мгле, стройны и пеги,
нам остужают белым светом лбы.

К нам сквозь стекло врывается погода.
Вспороли шины лужу у травы.
Вот поворот под знаком пешехода
с хрусталькой слёз у тёмной головы.

---

[1] Шакша — микрорайон-спальник в Уфе

А прядь волос мне всё щекочет кожу.
А гладь щеки так шёлкова у губ…
Ну, вот — ты там,
ну, вот ты тоже… тоже…
в огнях окон, как в искаженьях луп.

Автореквием
(когда-нибудь пригодится)

Избегающий мысли о смерти
Не напишет хороших стихов.
Кайсын Кулиев

Ничтожна ночь, что наших отпевает.
Заборы сдвинуты, как стены, по бокам.
Здесь за спиной нас никого не знают.
Прощай, прощай.
Парам, парам, пам, пам.

Ну, вот открыто прямо между сосен.
Дыши, январь, нам в спину зноем дня.
Мы ничего по-прежнему не просим.
Ну, отпевай.
Ну, отпевай меня.

Из мёртвых луж взлетают эскадрильи
упавших звёзд,
как слёзы тех, кто был.
Мы вас опять, зачем-зачем?, простили.

Не говори.
Ведь я не говорил.

А слёзы хватки,
словно осы роем.
И вот — остыло то, что позади.
Я ухожу —
надеюсь, что героем! —
твой поцелуй сжимая на груди.

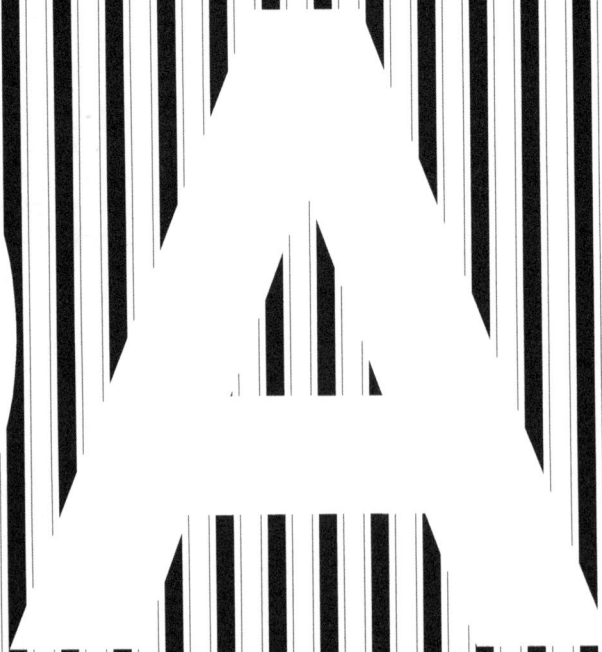

+DAтоп

Юрий

Юрий Капустин (Рыбинск)

Юрий Капустин родился в 1941 году в Рыбинске, ребенком был эвакуирован в Уфу, в школу пошел в Иванове, в 1950 году вернулся в Рыбинск. После окончания средней школы работал на заводе, служил в армии, в 1971 году окончил Московский институт инженеров землеустройства по специальности «архитектура». В 70-х годах прошлого столетия работал архитектором в институте «Яргражданпроект», затем конструктором-архитектором в объединении «Рыбинские моторы». Увлекался графикой, редактировал стенгазеты, посещал театральную студию. В качестве туриста и инструктора по туризму побывал во многих заповедных уголках Советского Союза. Публиковался в многотиражной и районной печати, коллективных сборниках, в журнале «Русский путь» (Ярославль). В 1999 и 2000 гг. в Рыбинске увидели свет книги его стихотворений «Озорные чудаки» и «Прозрение».
Живет в Рыбинске..

КАПУСТИН

Юрий

И песни петь, и говорить по-русски

* * *

Бетонный блок, тахта, телегулаг,
Хмельной синдром постылого рассвета…
Скорей, скорей в леса от этих благ,
Пока мечтою подана карета!
Туда, где клеверами пахнет Русь,
Где шелестят березовые блузки,
Где в тишине я заново учусь
И песни петь, и говорить по-русски.

* * *

Когда весь мир погряз в постыдном блуде
И от небес потеряны ключи,
Смешно смотреть, как суетятся люди,
Ворочая в потемках кирпичи.

Текут мозги, сверкают портупеи
Средь сытых крыс и высохших клопов…
И снится мне последний день Помпеи
И груда обожженных черепов.

* * *

Вот и последний летний день
Нырнул в осенние перины.
Угас задор, проснулась лень,
К подошвам липнут комья глины.
Но кто ж не спит? Кто бросит клич
С одной из русских колоколен?
Сырая глина — не кирпич,
Запечный Муромец — не воин…

* * *

Что жизнь!.. Негромкий всплеск весла
Средь топких кочек и обломков.
Вчера мне дочка принесла
Трех новоявленных котёнков.

И унесла свой звонкий смех
В туман девического рая.
А я — я взял на душу грех
И вырыл яму у сарая.

И уронил холодный ком
На теплый ком, на нежный волос…
Но прогремел далекий гром:
— Оставь того, кто подал голос!

Ожидание

Из года в год, в один и тот же день.
С трудом подняв свои больные ноги,
Она одна выходит за плетень
И ставит столик прямо на дороге.

На вышитый с любовью рушничок
Раскладывает, вынув из платочка,
Бутылку водки, хлебушек, лучок,
А рядом — фотографию сыночка.

И, нацепив на вязочках очки,
С глухой тоскою смотрит на дорогу.
Уставших глаз застывшие зрачки
Еще таят надежду и тревогу.

Покуда силы есть, из года в год
Она трудит свои больные ноги.
Она одной надеждою живет
И ставит столик прямо на дороге.

* * *

Вот и новый день иссох
В мареве пылинок.
Снизу черт, а сверху Бог,
Посредине — рынок.

Как ни бейся, как ни три
Лампу Аладдина,
Джинн не выйдет изнутри…
Спит себе, скотина!

За черникой

Лето. Полдень. Клевер с викой
Гасят шаг на полосе.
Мы с любимой и с черникой
Выползаем на шоссе.

Перемазали все тряпки,
Но набрали литров сто.
«Молодцы!» — сказали бабки.
Но подумали не то.

* * *

Вот и выбран лимитный ресурс,
Жизнь прошла, как вчерашняя мода.
Мы ложимся на заданный курс,
Хоть кругом штормовая погода.
Ловим разум в угрюмом вине,
Ищем норы и тайные ниши.
Потому что в пучине, на дне,
Как всегда, и спокойней, и тише…

* * *

Отзвенела страда полевая,
Гасит осень последние дни.
На покосах трава молодая
Стынет в жестких колючках стерни.

Серой птицею день улетает,
Ночь черна, как колесная мазь.
По утрам хорошо подмерзает
В колеях надоевшая грязь.

Над заснувшими кронами сада
В суете уходящего дня
Бродит грустная песнь листопада
И зовет за собою меня.

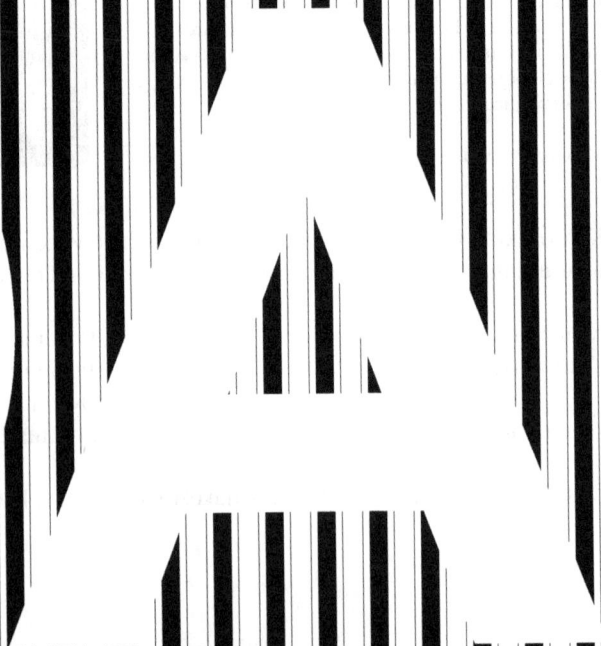

+DAтоп

Евгений

Евгений Чеканов (Ярославль)

Евгений Чеканов родился в 1955 году в Кемерово, в семье учителей, его фамильные корни гнездятся в Молого-Шекснинской низине, ныне затопленной Рыбинским морем. Окончив в 1979 году Ярославский государственный университет и получив специальность историка, работал журналистом в областных газетах.

В 1983 году, возглавив ярославскую молодежную газету «Юность», стал одним из самых молодых главных редакторов областных газет в Советском Союзе.

В 1991 году начал заниматься предпринимательством, затем работал чиновником в мэрии Ярославля и областной думе. С 1995 года и по сей день работает директором газетного издательства. Главный редактор нескольких областных газет, в том числе официального печатного органа Ярославской области, газеты «Губернские вести». Четверть века пишет и публикует стихи и прозу, автор восьми книг, вышедших в свет в ярославских и столичных издательствах.

В 1988 году стал членом Союза писателей СССР, ныне — член Союза писателей России. Член партии «Евразия» Александра Дугина. Живет в Ярославле.

Евгений

ЧЕКАНОВ

Не человек

* * *

Я летал за двенадцать морей,
Ибо мало мне было семи.
Я гулял среди диких зверей,
Что себя называли людьми.

Как рычал этот страшный народ
На меня, на волос моих снег!
И сквозь рык доносилось: «Вон тот —
Он, наверное, не человек».

План

Жизнь состоит из тумана,
Из миражей и круженья.
Если отступишь от плана —
Жди пораженья!

Но не пугайся тумана.
Хоть и петляет дорога,
Ты не отступишь от плана
Господа Бога.

11 сентября

Над Манхэттеном — чад,
Над Манхэттеном — смрад…
Это им за Белград!
Это им за Багдад!

За мольбу о пустом,
За бессмысленный бег,
За уверенность в том,
Что Манхэттен — навек…

Кара

От кары Господней никто не уйдет,
Пусть поздно, но будет расплата.
Ответят однажды и град, и народ
За грех, совершенный когда-то.

Ответят за все… Но поймут ли они,
Что им посылается кара,
Что смысла полны и блокадные дни,
И стоны из Бабьего Яра?

Детское воспоминание

Сверкнула краткая зарница,
Дух свистнул из-под топора!
Как белый факел, бьется птица
В сухой пыли среди двора.

Порывы к жизни тело мучат
И крылья бьют земную твердь…
А голова кричит беззвучно,
Со страхом вспоминая смерть.

* * *

А что, если нету за зло наказанья —
И все, как попало, идет в мирозданье,
И все душегубы пребудут в тепле,
А те, что погублены — в пепле, в золе,
И все, кто исчезли в пучине войны,
На мрак и забвение осуждены?
Гоню я подальше мысль черную эту…
А что, если нету? А что, если нету?..

* * *

Лучились дыры сеновала,
Звенело тихо комарье,
Когда она с себя снимала
Простое платьице свое.

И в пятнах света, в тихом звоне
Мы растворялись целиком…
И грудь ее в мои ладони
Лилась топленым молоком.

У ночного окна

Продолжается в ночь
Коридор освещенный.
Там стоит — я точь-в-точь,
Но бесплотный и темный.
Он цигарку палит,
Стиснув плечи высоко,
Он тревожно глядит
На меня через стекла.

Письмо с дороги

На часах уже полночь…Хорошее место
Мне досталось — могу я смотреть из окна,
Как уносится вдаль сумрак рощи окрестной,
Как летит, о стволы ушибаясь, луна,
Как по близкому рельсу бежит, задыхаясь,
Очень важное что-то спеша передать,
Твой последний гонец, голубой лунный заяц —
Догоняет меня… И не может догнать.

Тайна Христа

Две тыщи лет от Рождества Христова
Уж миновали… Но открыт для нас
И тайный жар Его земного слова,
И тайный свет его небесных глаз.

Проникнуть в тайну тщимся до конца мы…
Так в чем разгадка? В том, что тайны нет:
Открыто все — и таинства, и храмы,
И долголетья этого секрет.

Изгнание бесов

Не зря их рать визжит и воет:
Им не забудут ничего…
Будь наготове астероид —
Я подарил бы им его.

И так бы рек: — За прегрешенья
Вам на Земле прощенья нет.
Освободите нас от мщенья —
Бегите с лучшей из планет!

Ранний уход

Для нее — не трагедия.
Для меня — не беда.
Ухожу на рассвете я,
Сам не зная, куда.

У ворот палисадника
Обернет голосок:
— Мама, где же наш дяденька?
— Он приснился, сынок…

За темным клубком

Опять я доверчиво мчусь
По зыбкому отчему краю
За темным клубком своих чувств…
Куда заведет он? Не знаю.
Вот дергает снова: иди!
Ах, мне бы отстать, осмотреться…
Но скачет клубок впереди
И нить не отвяжешь от сердца.

* * *

Я дверь открыл —
она у входа.
К устам доверчивым приник…
Какая страшная свобода
Меня пронзила в этот миг!
Судьбы небесная страница
Ждала движенья на земле.
Еще не поздно —
отстраниться,
Другую дверь найти во мгле…

Вор

Я смутился и поник
Пред ее блестящим взором.
Боже правый! В этот миг
Я себе казался вором.
Эта гордость, эта стать,
Это прелесть, это пламя…
Как? И это можно взять?
Мне?.. Вот этими руками?

Платье

Я одену тебя в поцелуи!
Ни колючие иглы ветров,
Ни дождей леденящие струи
Не пробьют невесомый покров.
Не коснутся незримого тела
Наглый взгляд и чужая рука —
В этом платье свободно и смело
Ты со мною пойдешь сквозь века!

* * *

Поцелуешь на зябком перроне
И уйдешь в нескончаемый дождь…
И возникнешь в плывущем вагоне,
И с улыбкой рукою махнешь.
И под властью спокойного взгляда
Я замру у ночных фонарей.
Ты умнее. Ты знаешь, как надо,
Чтобы боль проходила скорей.

* * *

Вновь приеду я к папе и маме,
Вновь замечу, как в прошлые дни:
От приезда к приезду, рывками
Беспощадно стареют они.

Пригляжусь — и как будто все те же
Дорогие мои старики.
Жаль, что езжу все реже и реже…
Все больнее, все резче рывки.

Графоман

Вот и отшумел, отсумасбродил
Со своей «непонятой тоской»,
Настрогал мишеней для пародий
И детей для жизни городской.
Сохранят и дети, и страницы
Жизнь его — с вознёй по мелочам,
С безутешным вздохом «Не пробиться…»,
С женщиной, что плачет по ночам.

Скажи, слеза

Вот снят запрет — и катится слеза
О тех, кто лег в угрюмый холм чужбины.
Оплаканы их скорбные глаза,
Обласканы их гордые седины,
Оправдан их тоскливый, горький смех
И проклят их гонитель, злой Иосиф…

Скажи, слеза, ты помнишь ли о тех,
Кто жил и умер, родины не бросив?

Хлеб правды

Ложь отступила мировая
На шаг, иль на два. И опять,
По зёрнам правду выдавая,
Нам предлагает ликовать.

Но мы хотим иной победы —
Чтобы взошел из-под земли
Тот хлеб, который наши деды
С собой в могилу унесли.

Тайна вождя

За светлой маской исповедника
Лютует мрак степных кровей.
— О, дщерь моя! — роди наследника
И раздвигает ноги ей.

— Пусть вечный космос станет временным,
Пусть древний хаос в мир придет,
Пусть внук далекий станет демоном —
И отомстит за наш народ!

Гомункулусам

Вам будет указано место,
Согласно ранжиру и полу.
Вы сможете жить интересно —
Работать и пить кока-колу.

В парламенте многопалатном
Вы станете прыгать, как дети…
И только одно запретят вам —
Знать, кто вы на этой планете.

Незримая ладонь

Забуду в толкучке кромешной,
Что здесь Ты…Но вмиг узнаю,
Когда на судьбе своей грешной
Вдруг чувствую руку Твою,
Когда через всю ойкумену
Примчусь на манящий огонь —
И бьюсь о незримую стену,
Как будто о чью-то ладонь…

* * *

Простимся, грубая душа!
Кури судьбу в других берлогах.
Не поняла ты ни шиша
В моих метаньях и тревогах.

Ищи таких же, как и ты —
Исчадий жизни неопрятной,
Чтоб с ними тлеть до темноты,
До грязной пепельницы смрадной.

* * *

Земную победу судьба стережет:
Ров крут и мосток ненадежен,
И меч окровавленный, встав у ворот,
Чуть что, она тянет из ножен.

Так что же она — всемогуща? Вранье!
Пройди, осторожно ступая —
И вырви победу из рук у нее!
И пусть она плачет, слепая!..

Вечная лампа

Вечная лампа мерцает в моем туалете —
Брат мой, электрик, в нее приспособил диод.
Так вот и мне бы: мерцать и мерцать бы на свете,
Не угасая, за годом отсвечивать год…

Только зачем? Чтобы вечно глядеть в эти рожи
Гадких людей, забывающих здесь обо всем?
Видеть потуги их вечные? Господи Боже,
Выверни здесь — и вверни меня в царстве своем!

Гордыня

Я не должен пропасть,
Хоть и пропасть кругом
пропастей.
Я прошел только часть
одиноких,
высоких путей.
Если даже столкнут —
я вскарабкаюсь,
влезу,
вползу…
Божий праведный суд,
ты меня
не застанешь внизу!

Бык

Ты спрятал бич — и вновь зовешь народ
Стащить ярмо и сбросить цепи рабства…
Но он, как бык, рога свои упрет
В твое ведро с лузгой народоправства.

Бык чует ложь. Бык знает свой загон,
Где тот же корм лежит в другой посуде.
Не верит бык, что править будет он.
Бык твердо знает: править будут люди…

***

— Не помогай другим самцам,
Своим участьем не калечь их,
Пусть каждый выживает сам
В угрюмых джунглях человечьих!

Так говорил мне старый вор,
Блестя улыбчивым оскалом.
И не пойму я до сих пор,
Вредил мне — или помогал он.

Хворь

Все даст Господь — любовь, победу, друга,
Все, что цветет на поле бытия.
Твое сомненье — это род недуга,
Всего лишь хворь постылая твоя.

Так излечись! И черпай полной мерой
Из закромов желанья своего.
Но для начала — в Господа уверуй
И попроси здоровья у него.

***

В преддверии счастья, иль горя,
В преддверии встреч и разлук
Судьбу, как кобылу, пришпоря,
Поводья бросаю я вдруг.

Лети, куда хочешь, родная!
Любые пути выбирай
В просторе от края до края…
А хочешь — лети через край!

***

Ты помесь армянки и немца,
А я коренной угро-финн.
Когда я тобою объемся,
Я снова останусь один.
Глазами, ноздрями, губами
Тебя на века сохраня,
Я брошу огрызок на камни —
Ты слишком сладка для меня!

Визит к мертвецам

Заскучаю, зайду к мертвецам.
— Как живете, насельники гроба?
— Ничего, — отвечают. — Как сам?
А в глазах — только зависть и злоба.

Да, я выжил, всему вопреки,
В лютой темени и свистопляске…
Не завидуйте мне, мертвяки!
Тут, за гробом, свои неувязки.

Вернулась

Пожила у людей — и вернулась.
Вместо внука — кота привезла.
Те же родинки. Та же сутулость.
Лишь улыбка сгорела дотла.

Ладит с отчимом. С матерью ладит.
Только чаще глотает свой дым,
Да кота привезенного гладит
И купает. И плачет над ним.

Теплая планета

Случайною теплой планетой
Душа обогрелась на миг…
Ну, что же — расстанусь и с этой,
Ведь я к расставаньям привык.

Зовут меня дальние вспышки
В морозной космической мгле.
Спасибо за миг передышки,
За год, пролетевший в тепле!

* * *

Тянет кровью из леса туманного…
Молодой, отдыхай под кустом!
Самка выберет старого, драного,
С переломанным жизнью хребтом.

+DA ТОП * 7-9 2010 * plusDA Publishers * Нью-Йорк * www.plusDA.com

+DATOП поэзия

Не за то, что угрюмо оскалены
Два клыка, пожелтевших навек, —
За его золотые подпалины,
За глаза, голубые, как снег.

Карнавал

Мелькнет веселый карнавал —
И унесет тебя во тьму.
Забудет мир, что ты давал
Определения ему.

Летя, примерится навскид
К твоей душе, к твоей судьбе —
И сам тебя определит!
И вмиг забудет о тебе…

Эпизод

Фашистский танк заехал в поле ржи,
Смоленское неубранное поле.
Измученный мотор не заглушив,
Усталый немец выбрался на волю.

Он закурил — и вытер пот со лба,
И синим взором мир обвел спокойно
И, пыльный колос наугад сорвав,
Растер его в промасленных ладонях.

Сияло небо, плыли облака,
Носились птицы, лес синел далеко,
Река блестела лезвием штыка
И волнами катилась рожь с востока.

Мелькнула тень. Во ржи раздался звук.
Он оглянулся, как бы ненароком,
И, отряхнув чужую землю с рук,
Нырнул обратно — в лязганье и грохот!

Младенец

И я рождаюсь… Пробуждаюсь,
От жарких пут освобождаюсь,
На мир неведомый гляжу.
Хочу сказать о мире слово,
Но это слово не готово —
Истошным криком исхожу.

А мир меня уже купает,
Целует, кормит, нарекает,
Прельщает первою игрой,
Томит любовью и враждою,
Пронзает счастьем и бедою,
Клеймит — и ставит в общий строй.

И так торопится при этом,
Так ослепляет тьмой и светом,
Так беспощадно гонит в путь,
Как будто он боится слова,
Как будто слово это — снова
Грозит его перевернуть.

Свидание

Спасибо, что ты приезжала,
Чтоб слезы мои утереть.
Ты видела — их было мало,
И больше не будет уж впредь.

Все легче я в этой юдоли
Справляюсь с душевной тоской…
Ты знала — я плакал от боли,
Но не поняла, от какой.

А я не ошибся нисколько,
Тебе тою ночью звоня.
Ты серая шлюха — и только,
Но все же любила меня.

Хоть был я всего лишь просветом
В твоей неприглядной судьбе,
За это свиданье с поэтом
Немало простится тебе.

Пусть сбудутся все твои грезы
И сны — даже те, что пусты.
Пусть кто-то утрет твои слезы,
Когда зарыдаешь и ты.

Желтый дом

Пиши стихи, а то сойдешь с ума.
Мир против нас, пора запомнит это.
Мир строит сумасшедшие дома
Для каждого артиста и поэта.

Не дом ли желтый — тот, где я живу?
Кругом замки, решетки и ограды,
И все о чем—то грезят наяву,
Произнося бессвязные тирады.

И все твердят, что эта кутерьма
Куда дельней, чем сцена или лира.
Пиши стихи! А то сойдешь с ума —
И станешь ими. Станешь частью мира…

Батюшка
Триптих

I
Заштатный поп подсел ко мне —
И мы с ним набрались,
Как говорят в моей стране,
До положенья риз.

Он объяснил мне горячо,
Что жизнь профукал зря
И горько плакался в плечо,
Владыку матеря.

А я старался, что есть сил,
Чтоб не плутала речь.
«Куды же бечь? — я говорил? —
Куды же, отче, бечь?

На свете нет других Россий
И кратки наши дни.
Коль не по нраву Алексий —
К Виталию рвани!».

Он всуе вспомнил Божью мать…
И мы в который раз
Друг друга стали целовать,
Как принято у нас.

II

По вечерам, гуляя на реке,
Его встречаю…С матушкой на пару,
Сухой, как палка, с палкою в руке
Порывисто шагает по бульвару.

Поцеловав, свершает скорый суд:
— Ну, что, стервец, дорвался до корыта?
Забыл писанье: в рай не попадут
Те, кто сегодня ест и пьет досыта.

На исповедь не ходишь, мать твою,
И в храме не был, почитай, полгода…
Возьму однажды — и лицо набью,
Чтоб вспоминал, какого ты прихода!

Я слушаю, лукавый Божий раб,
И выступаю с критикой ответно:
— Святой отец, я грешен, ибо слаб,
Но и в тебе смиренья не заметно…

— Есть грех такой! — кивает головой
И озаряет светлою улыбкой
И этот миг, и тощий образ свой,
И дух мой, нераскаянный и зыбкий.

И мы стоим над медленной рекой,
Озарены мгновением привета,
И молча смотрим, как в земной покой
Нисходит чудо гаснущего света…

III

— Живи, терпя! — он сказал себе,
Но болью затмило свет.
За что эта кара в его судьбе?
Ответа доселе нет.

Когда эта боль перешла за грань,
Его усыпил наркоз.
Живот распороли. Полезла дрянь,
Которую черт занес.

А он увидал золотистый свет
И медленный коридор.
На грани грядущих и прошлых лет
Услышал негромкий спор.

Чьи речи прорезались сквозь наркоз?

Кто спорил о нем? Бог весть…
Он ясно расслышал один вопрос:
— Быть может, оставим здесь?

И ясно расслышал один ответ
Из морока своего.
Сквозь стены властно пробилось: — Нет,
Там молятся за него!

И тихо пополз коридор назад,
Померк золотистый свет.
Чьи руки спасли его? Чей догляд?
Ответа доселе нет.

Страдая и радуясь, он живет,
У смерти молитвой взят.
Суровою ниткой зашит живот
И швы день и ночь кричат:

— Другие не встанут, но ты — восстань!
Знать правду дано тебе:
Ты — нужен. И даже уйдя за грань,
Не волен в своей судьбе.

Пусть даже всего для одной души
Ты нужен — живи, терпя!
Так велено свыше. Иди. Служи.
Здесь молятся за тебя.

plusDA PUBLISHRERS - ПЛАНЫ ИЗДАТЕЛЬСТВА   >>>   www.plusDA.com

В планах издательства +Да Паблишерс — выпуск поэтических сборников
в серии **+DA ТОП ПОЭЗИЯ**.
Подробнее с содержанием и датами выпуска отдельных сборников можно
ознакомиться на сайте издательства — **www.plusDA.com**

Ниже — обложка сборника:
НА ЯЗЫКЕ (Расуль Ягудин)

На языке
Расуль Ягудин
Сборник стихов

Расуль Ягудин — известный
возмутитель спокойствия, один
из самых скандально известных
журналистов Башкортостана,
главный редактор журнала
"Литературный Башкортостан" и
автор многих книг прозы и стихов,
статей в журналах и журналистских
расследований.

Мазки масла на поэтическом
полотне, настоящие чувства и
живые образы, прописанные
Расулем, уводят нас в трехмерное
пространство слов. Строки его
наполнены самыми необычными
сочетаниями парадоксов, лирикой и
грубой силой природы, завораживая
читателя и заводя его в закоулки
мистики, покрытые свежими
простынями реальной жизни.

Живописный язык автора
рисует картины нетронутой
природы и свежих, непочатых душ:
" Сугробы свалены, как горы…",
" Рассветы бугрятся чёрным…"
Расуль чист и груб, нежен и
непредсказуем. Мощная энергия
его слова рождает музыкальные
картины магической реальности…

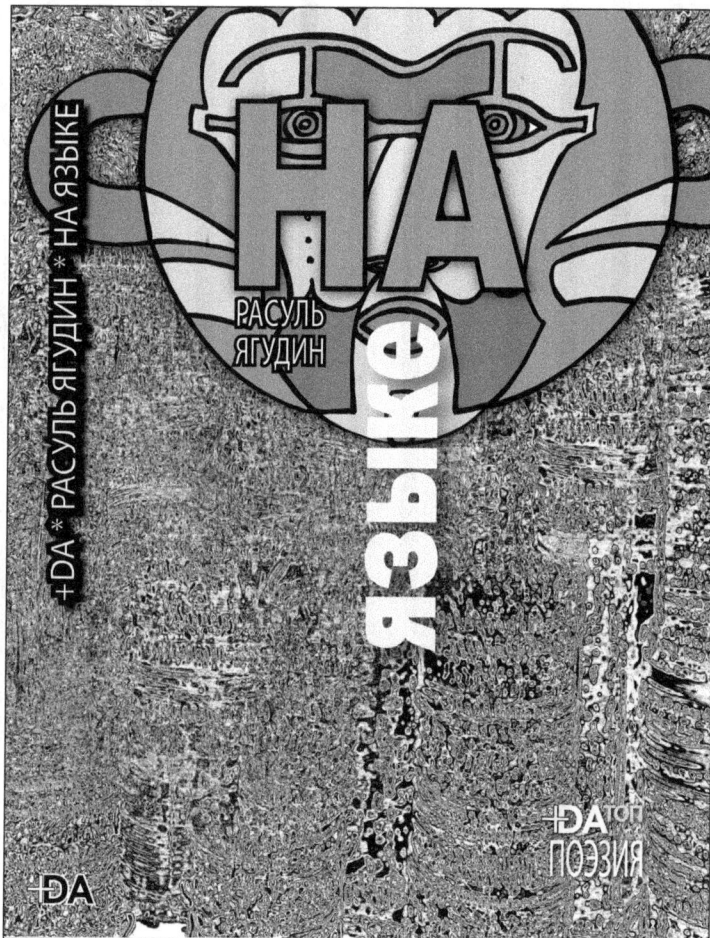

† DA.

+DAтоп

Татьяна

Татьяна Калашникова (Канада)

Татьяна Калашникова. Поэт, прозаик, публицист. Родилась в1965 году на Полтавщине в семье служащих. Окончила Киевский Государственный Университет им. Т. Г. Шевченко (факультет киберне- тики). В настоящее время живет в Канаде. Автор двух книг стихов: «Ангел любви» (Лубны, изд-во «Лубны») и «Прощальный спектакль» (Киев, изд-во «Радуга»), а также многочисленных публикаций в периодических, литературных и сетевых изданиях России, Украи- ны, русского зарубежья. Стихи вошли в антологию «Киев. Рус- ская поэзия. XX век» (Киев, ООО «Юг»), антологию «Современное русское зарубежье» (Московский институт социально-культурных программ). Лауреат премии научно-литературного портала «Рус- ский переплёт», международного поэтического конкурса «Золотая осень», литературного конкурса «Глаголь». Член Союза писателей Северной Америки, член Союза Писателей Москвы.

КАЛАШНИКОВА

Татьяна

Непрошеная гостья

* * *

Как скоро ты пристанище нашёл,
кленовый лист, несущийся с потоком
речушки горной. Долго ли ещё
пробудешь здесь, уткнувшись влажным боком

в уютную расщелину камней,
живительной водой омытый,
понять пытаясь, что в тебе сильней —
желанье плыть или обресть обитель?

Вода

Как хорошо… живую воду
пролить случайно на столе…
Зажгите свет, — воды природа
видна так лучше. В серебре
зеркальных бликов отражаясь,
мы много чище и свежей.
Вода, всё больше растекаясь
неудержимостью своей,
уже до краешка доходит
и, повисая каплей вниз,
о том, что с нею происходит
не знает…
Глупая, очнись.

Ветер

Ты подуй, подуй, ветерок.
Не гляди с утра на восток,
глаз усталых в щёлки не щурь,
не гони вчерашнюю дурь,
сотрясая белой главой,
ветер-богатырь удалой.
Полети-ка, ветер, туда,
где шипит прибоем вода,
да приляг на влажный песок.
Не гляди с утра на восток.
Растянись вдоль моря собой.
По руке прозрачной прибой
пробежит вопросом немым:
«Ох, тебе ли быть удалым?»

Цветок

М-м-медленно,
        м-м-медленно,
                м-м-медленно
из под земли и камней
тянется к свету молебельно
нежною силой своей
семя душистого агнца —
тонкий зародыш цветка.
М-м-медленно,
        м-м-медленно тянется
к жизни…
            А жизнь коротка

* * *

Садится солнце. На закате
мерцает желтоватый свет.
Когда огонь в своей лампаде
погасит день,
            ему вослед

маяк луны осветит небо.
Неровной формою блина
висит пятнистая планета.
обледенела и грустна.

Послесловие

Поставить точку. Послесловье,
пожалуй, никому не нужно.
Зачем томить слова, натужно
их собирая в изголовье
уже недышащего тела
любви холодной, неподвижной,
ей повторяя еле слышно:
«Прости, любовь. Я не хотела…»?

* * *

О, юности забавные уроки…
О, юности напыщенный язык.
Он не родит пронзительные строки
и не сорвётся в онемелый крик,
не от восторга голову закинув,
с усилием жестокие тиски
дрожащими ладонями раздвинув,
освобождая уши и виски.

Он не расскажет небыли и были
о той любви, которая века,
юнца не замечая на кобыле,
на кляче посещает старика.

Немного строк

А завтра точно будет лучше, —
как все с начала, как с нуля.
Сойдутся, предоставив случай,
на небе звезды, и земля
простит ошибки, позабудет
плевки и битое стекло…

Все будет лучше, точно будет…

Дожди прошли, и замело
сугробами тяжелой грусти
порыв вчерашний и восторг.
В глазах — тоска, на сердце — пусто,
а на листе — немного строк.

Следуя взглядом

Сквозь щелку штор проходит лучик света
и движется по комнате бесшумен.
Он не услышит вас, не даст ответа, —
он глух и нем, и, может быть, безумен.

Он шевелит ворсистые ковринки,
скользит по глади старого комода.
И те, из осчастливленных, пылинки,
которых он коснулся мимоходом,

из неприметной массы мутно-серой
теперь преобразились ненадолго
во что-то раздражающее нервы
своим напоминанием о долге.

Пташка

Она сломала коготь, зацепившись
за проволоку ржавую, — темно…
Летела пташка малая, влюбившись
ослепнув, и, ударившись в окно,
упала, в кровь висок стеклом изрезав.

Ей почему-то суждена была
любовь из поржавевшего железа
и голову разбившего стекла.

Портрет

На стеллаже стоит портрет
ее любовника и мужа.
А там: любовник — не одет,
скупой супруг — суров, как стужа.

Любовник, жарко обхватив
рукой ее бедро в постели
нашептывает лейтмотив
из сладких слов…

           Ну, неужели,
когда вспорхнет ночная птица,
он снова в мужа превратится?!

* * *

Тонка связующая нить,
натянута струной скрипичной.
Их поединок нетипичный
уже нельзя остановить.
Торопятся за часом час.
Струны скрипичной импульс нервный
тревожит тьму, и свет неверный
со тьмой вступает в резонанс.
Бледна рассветная луна
за дымкой облачною тает.
Струны звучанье нарастает.

И светом тьма обнажена,
сама подобной свету станет.

* * *

Сегодня утром выпал снег.

Большие хлопья на дорогу
ложились, чтобы замереть
или, попав под чью-то ногу,
собравшись в комья, умереть.

Сегодня утром выпал снег.

* * *

В удушье сутолоки шумной,
в толпе подвижной и живой,
почувствовав себя безумной,
ненужной, сброшенной листвой
каштанов старых вдоль аллеи,
когда-то пройденной не раз,
теперь бесхитростно алею
осенней охрою.
                    И глаз
знакомых не ищу, как прежде,
не жду, сердечком замерев
в тревожно-трепетной надежде,
что вдалеке из-за дерев
послышится знакомый голос,
взмахнет красивая рука…

Посев отцвел, и срезан колос
для поминального венка.

* * *

Пшеничные поля. Ужели прежние?
Безболием, просторностью близки.
Близки своей диковинною нежитью,
клонящей хороводом колоски.

Кругами злак по полю гладко стелется,
прореженный нехитрым васильком.
«Все отшумит, все после перемелется», —
нашептывает колос и тайком
поет о том, что памятно, что дорого,
о том, что бередит тревожный сон.
Выводит шелест: «Поле… ставни… бороны…»
и повторяет грустно в унисон:
«Сверчок у дома, поле чисто скошено,
и бороны усталые — в отстой…
девичье платье смолоду не сношено,
за ставнями томится дом пустой».

Непрошенная гостья

Непрошенная гостья. Угрюмый лейтмотив.
На Цитадельной — проседь подвыцвевших гардин.
По Цитадельной — цокот резного каблука
и шляпа подаяний слепого старика.

Непрошенною гостьей в угрюмый лейтмотив
вхожу и, по-старинке заколкой прихватив
вьюнок игривой челки над сумрачностью лба,
бреду, степенно меря — фонарного столба,
облезлого подъезда, кафешки за углом — прямую,
серединку, надщербленный излом
то взглядом исподлобья, то шагом, то рукой…
Объединяю мерки рифмованной строкой.

На Цитадельной — проседь. По Цитадельной — звук.
От Цитадельной — память и… длинный полукруг
с прямой и серединкой, надщербленным углом….
заколка по-старинке… кафешка за углом….

* * *

Две серёжки — две слезинки,
две настенные картинки, —
всё, что в память мне осталось
от тебя, мой добрый друг.
И почти что позабыла
я, как жирные чернила
на бумаге расплывались
под нажимом нервных рук;

как вода у ног плескалась,
и как капелька стекала
на виске, оставив стежку
белой соли в жаркий день;
как сквозь ивовые ветви
солнце золотистым светом,
рассекало на мережку
неспасительную тень.

Вот уж грустною капелью
дождик шелестит за дверью,
еле слышен из прихожей, —
осень песенку поёт.
И под зонтиком седая,
друг о дружку согреваясь,
пара старичков в калошах
медленно сквозь дождь бредёт.

«Всё проходит. Всё проходит, —
осень лейтмотив выводит. —
Ваша жизнь — такая малость,
как сезонов мерный круг».
Две серёжки — две слезинки,
две настенные картинки, —
всё, что в память мне осталось
от тебя, мой добрый друг.

Одинокая синица

Ни ответа, ни привета,
ни подсказки, ни совета.
Хриплой выпью ночь отпета,
месяц завершает круг.
На вопрос тревожный «где ты?»
нет подсказки, нет ответа.
Растревожившись рассветом,
небо хмурится не вдруг.

На ветру ворожит жрица —
мается смешная птица —
не покойно ей, не спится:
«Где ты, где ты, милый друг?!»
Режет воздух, суетится
одинокая синица:
«Ох, ему бы воротиться.
Где ты, где ты, мой супруг?»
Где ты? Где ты? Где ты? Где ты?
Нет ответа……………………….
…………………………Нет ответа.

Не смеётся кукушка

Не смеется кукушка, не плачет,
молоточным ее «Ку-ку»
нам отмерено, не иначе,
на коротком итак веку

пять годочков любви «с обрыва» —
пять годочков любви «в умат»,
где оставила я счастливой
и себя, и такой же взгляд;

где все так же поют дубравы,
за околицей ветерок,
как и раньше, ласкает травы
и измятый любовью стог;

где оставила смех гортанный
и тот голос, что ты любил,
чтобы стать вдохновенно-странной,
для того, чтоб хватило сил

говорить о тебе с луною,
горевать о тебе во сне
и, расставшись давно с собою,
оставаться собою вне.

Не смеется кукушка, плачет.
Это слезы ее: «Ку-ку».
Нам отмерено, не иначе,
отлюбить на своем веку.

Александру Избицеру

Auf dem Wasser zu Singen»

«Прощай, прощай…»
Да я и так прощаю…
Б. Окуджава

И чаек крик прощание пророчит,
и небо растревожилось густой,
клубящейся дымами серой тучи
белесой пеленой. «Постой, постой!
Не торопи: осеннюю кручину,
к зимовью птиц резные косяки…», —
волнуется орешник, сгорбив спину
под ветром, у взволнованной реки.
«Постой, постой!», — шумит камыш, осыпав
подвыцветший коричневый бутон
на рябь воды. «Постой, — хлопочут липы, —
не ускоряй прощальный фаэтон».

«Не подгоняй, попридержи поводья,
дай надышаться пряною травой,
дай налюбиться под ветвистым сводом,
и с пьяною от счастья головой
уснуть под шепот девственной березы,
перебирая в пальцах поздний цвет,
рассматривать мистические грёзы
грядущих и ушедших зим и лет», —
ложится стих чредой неровных строчек…

А чаек крик прощание пророчит

* * *

Сердце смелое — лебедь белая —
расстели крыла да лети.
Сердце смелое неумелое
непрощенному-то прости.
Ты прости ему боль сердешную,
отболевшую наперёд.
Отжурчало водицей вешнею:
«Всё проходит, и боль уйдёт».

* * *

Омолодившись сочетаньем
стекла, метала, цветников,
поёт унылое прощанье
старинный город. Был таков
его покинувший доселе
упрямый сын. Склонившись ниц,
он молится теперь в Марселе
за упокой любимых лиц,
за здравие еще живущих
в старинном городе и вне,
потерянный в телесной гуще
в чужой не милой стороне.
И у церквушки подаянье
бросает щедрою рукой
в надежде тщетной, что прощанье
окупится, и что покой
его душе обресть при жизни
дарит Господь в чужих стенах…

Монеты сыплются на тризне
души рассеявшейся в прах.

* * *

Стихом расширив рамки прозы,
дождей подслушиваю речь.
Роняет небо капли-слёзы.
Так много слёз… Не уберечь
и не собрать небес роптанья
и всхлипы горькие в одно, —
водой дождей сочатся, тайно
уходят на земное дно
сквозь капилляры почвы влажной
и застывают в монолит
утрат, вины однообразной,
болезней сердца и молитв.

* * *

Философично и безумно
строение твоей души.
Предосторожности разумной,
угрюмо-верным «Не спеши»
там непривычно и тревожно,
как в страшном сумрачном лесу,
где все — случайно, все — возможно,
где нету тропок, и спасут
от заблуждений в неизвестном
их — может, да, а может, нет,
где под скалой лежит отвесной
уже заблудшего скелет,
когтями ворон одинокий
уже не роет в животе…
В тот день не близкий, не далекий,
где всё — не так, и все — не те.
Неисчислимы лабиринты
в твоем непознанном мозгу.
Там неравны и вечно квиты
вопрос «Слабо?», ответ «Смогу».

Твоя душа — философична,
твой мозг — непознанно-велик.
И вместе с этим так привычно
ложится горьким на язык:
«Ты — одинок. Ты — состраданье
и вечный поиск, вечный путь
находок, разочарований
то в чем-то там, то в ком-нибудь.»

Дамоклов меч

Она сыграла свою роль
и удалилась по-английски,
зажав в кулак тупую боль,
в другой — редеющие списки
еще оставшихся долгов
ее немого предписанья
нести решением богов
дамоклов меч. В руке свисает
тупая боль — разящий гнев
иль невозможность отступленья
пред ощетинившимся тем,
что послужило разрешенью
негодования небес,
вложивших меч в ее десницу,

и…

     снова изгнан вечный бес
из вечных стен, и снова птицей
душа свободно воспарит
освобождённого недуга…

«Болит рука, рука болит…»

Её оплачена услуга —
освобождённая душа
тихонько, чтоб никто не слышал
о слабости, едва дыша,
прощенья просит: «…Только тише».
А покаравшая рука
сжимает боль еще сильнее…
Она уходит в облака,
под шагом звезды-угли тлеют.

Она сыграла свою роль
и удалилась по-английски.
За ней — её земная боль,
чужие лица, чьи-то списки.

Брату Володе

Соната Молчания

Пойдем со мной к реке. Прохладной тенью
покрой мои незримые следы.
Обряд святого воссоединенья
души усталой и речной воды
я покажу. Ни звуком и ни жестом
не беспокой лазурной пустоты.
Волшебный миг великого блаженства
не хочет слов, не терпит суеты.
Коснись реки тихонечко рукою,
доверься ей, расслабившись войди
в речную воду, душу успокоив
и позабыв, что за и впереди.
Закрой глаза. Какие ароматы!
Божественно! Вдыхай, вдыхай сильней.
Дыши водой, речной травой и мятой.
Ты — дух реки, дух ветра и полей.
Закрой глаза и слушай, слушай…
Журчанье, лёгкий всплеск, сверчок…
Ты — высший слух. Забудь про уши.
Вот-вот коснётся струн смычок.

Еще мгновенье и…
                          проникновенно,
пронзая неба облачную вату,
струится зычно музыка Вселенной.
Для нас звучит Молчания Соната.

На круги своя

Позвольте мне побыть теперь одной,
побыть собой, без слов и без названий,
на время стать ни другом, ни женой,
цепочку сняв из разочарований
поблекших звеньев с жемчугом любви
и связей родственных тяжелые браслеты,
натершие запястья до крови —
кровит рука у дочери-поэта.

Я материнства дорогую ношу
оставлю где-то в стороне на час,
все образы свои и маски сброшу,
что так гневят и умиляют вас.
Нагую непосредственность прикрою
прохладною, незримой пеленой,
которая не требует покроя, —
невидима, она всегда со мной.

Забуду, кто я и зачем на свете,
у памяти возьму отдохновенье.
Я — бестелесая — легка, как ветер,
как свежее речное дуновенье.
На травы лягу утренней росою,
сливаясь с изумрудностью полей.
Садов весенний цвет дождём омою
и птицею замру среди ветвей.

Потом незримых крыльев плавным взмахом
взовьюсь и тихо поплыву туда,
где отчий дом, где теплый детства запах,
где я была свободна и горда.
Взорвусь раскатистой живой грозою
над маленьким старинным городком
и в речку жадно упаду водою, —
река утихомирит сердце-гром…

А там, где берег ляжет травянистый
под Лысою знакомою горой,
явлюсь на сходку-шабаш ведьмой чистой,
сливаясь в пляс с нечистых сил гурьбой.

Пируя дерзко и сполна безумно,
пронзая телом с визгами костер,
взметнусь звездой в восторге полоумном
в заоблачный мерцающий шатер.

На небе удивительно спокойно
рассматривать земное бытиё,
так холодно и так совсем небольно
отметить: «Это «важно» — не моё».
Не беспокойтесь только понапрасну
на час, но, неоставленные мной.
Мы с вами точно знаем, — жизнь прекрасна,
а после, может, — небо и покой.

Еще минута, миг… Ко мне все ближе
земные слезы и ее поля.
Уже тревогу глаз любимых вижу,
спускаясь снова на круги своя.

Спасение души

Приготовьте мне лекарство.
Что болит? Не знаю. Здесь.
Здесь, куда ложатся тени
резких слов, где чья-то спесь
в гнёзда сонного сплетенья
ядовитою змеёй
всё откладывает яйца,
где широкой пятернёй
бронхи расправляют пальцы,
и куда застрявший ком
в горле, скатится слезою,
чтоб однажды вечерком
перекрыть всю грудь собою.

Дайте. Дайте мне лекарство!
Помогите притупить
боль несносную в сплетеньи
рук: утраченной любви
и безжизненных сомнений,
веры во Вселенский Смысл,
обесточеной надежды.
Не вздыхай и не молись, —
Смысла нет. Разбит, повержен.
Даже если сущий Бог,
то и он тебе, похоже,
не облегчит горький вздох,
не поможет. Не по-мо-жет.

Сыну

По тонким прутикам спирали

Ершистое дитя поэта —
поэт душой — мой старший сын.
Тебе, мой мальчик, дела нету
до поэтических вершин.
Тебе понять неинтересно,
что за рифмованной строкой:
сегодня — мать, вчера — невеста,
а завтра — сумрак и покой.

И верно, не спеши до срока
познать любовь, поверить лжи,
солгав, раскаяться жестоко,
вонзать холодные ножи,
литые вечностью измены,
в сердца любимых, чтоб потом
они твоей коснулись вены,
и окровавленным кнутом
несправедливых обвинений
хлестать в горячке, битым быть,
терзаться язвою сомнений,
просить, прощать…
                    и вновь любить…

По тонким прутикам спирали
своей судьбы тебе пройти
придется, сын. И, ох, едва ли,
все будет гладко на пути.

Рыцари страха

Вырвите, вырвите горькое жало,
горло надрезав, беспомощной злобой
грубо заточенным краем кинжала
страха и зависти. Вы — бесподобны!
Вы — бесподобны, клянусь. Продолжайте.
Тщательно выбрав пинцет по размеру
(нет, не держите, иглу не вонзайте
с парализующим в тонкую вену,
лучше вживую, будет больнее),
чтобы не вышло промашки случайно,
кожу раздвиньте теперь посильнее…
Что ж головами качаем печально?

Нет ничего? Нет ни жала, ни яда?!
Столько стараний и все — понапрасну.
Рыцари страха потупили взгляды:
«С кем не бывает? Ошибочка, ясно.
Выпьем по стопке и жертву зароем.
Пусть не узнают о трусости нашей.
Мы, как и прежде, — стальные герои.
Жертва уже ничего не расскажет.
С богом, пора, до рассвета осталось
Пару часов…»

И герои проснулись.
Жертва исчезла. «Нам все показалось?
Слава те, Господи», — переглянулись.

Соната Молчания (2)

Пусть не звонит телефон. Надоела
горе-вибрация — горе-гортань.
Серое в кнопках и циферках тело
не потревожит лазурную рань.

Пусть никакие другие прогресса
дети из пластика не зазвучат,
не потревожат меня, — поэтесса
хочет туда, где деревья молчат.

Там, где деревьям в ответ молчаливым
ветер по-своему тих, и река
рыбным шлепком замолкает игриво,
в ней отражаясь, молчат облака…

В этой сонате молчаний живого
мозг поэтессы покоен и чист,
в нем умолкает последнее слово,
мысль обрывается легким «Молчи».

Ещё одна ступень

«Еще шажочек, детка, не робей…»
Глазёнки наполняются слезами —
споткнулась вновь девчушка-воробей
и, упираясь пухлыми руками,
встаёт тихонько, звука не издав.
И вновь шажочек… твёрже…
твёрже…
твёрже…

А в небе загорается звезда —
звезда Татьяны, на неё похожа.

За шагом шаг, то в гору, то с горы,
по краешку обрыва, по спирали…
А результат по-о-жизненной игры —
не слёзы, кровь под носом утирали.

Еще за шагом шаг… Пора к звезде.
По лестнице неровной безперилой.
Там выбиты ступени, и везде
преследует судейское мерило.

По лестнице. Провал — ступень — провал.
По лестнице. Попробуй оступиться.
«Ты прав. Он прав. Она была права…», —
шипит в затылок безголосой птицей.
По лестнице. Назад уже нельзя.
Шаг вправо-влево — бездна и паденье.
Вперёд к своей звезде — одна стезя,
одна надежда на освобожденье.

Преодолев две трети, дай-да Бог,
не подвести до срока свой итог.

* * *

Ах, зачем вы теребите мою рану?
Вам терзания мои сладки.
Обругайте-ка меня словом бранным,
да срубите эшафот гладкий.

Мне взойти на свежий сруб мило,
и не страшен мне палач в черном, —
пятый год, как я себя схоронила,
уж могилка поросла дёрном.

plusDA PUBLISHRERS - ПЛАНЫ ИЗДАТЕЛЬСТВА   >>>   www.plusDA.com

В планах издательства +Да Паблишерс — выпуск поэтических сборников в серии **+DA ТОП ПОЭЗИЯ**.
Подробнее с содержанием и датами выпуска отдельных сборников можно ознакомиться на сайте издательства — **www.plusDA.com**

Ниже — обложка сборника:
НЕЖНЫЙ ДЕМОН (Марианна Голодова)

Нежный Демон
Марианна Голодова
Сборник стихов

Чувства, переживаемые автором, близки и понятны сердцу каждого, кто знает любовь, счастье, боль и горечь утрат. Любовь — одна из главных тем стихов Марианны Голодовой — это не только любовь к одному единственному, это и любовь к родной земле, её природе, к людям. Марианна ведёт читателя по ступеням своей души, раскрываясь в полной мере: «Мой Демон нежный…», «Мне для жизни только б лето…». Она будоражит воображение живыми, сочными образами природы. Тонким, ажурным кружевом ложится её рифма, оставаясь в памяти вместе со звуками травы, деревьев и птиц…

Оргия воображения, чувственный поток в стихах Марианны Голодовой, не могут оставить равнодушным. Ее стихи окутаны серебристым цветом романтической печали. Логика соседствует с неприятием многих вещей: ход времени, тленность любви. Марианна лишь в начале своего творческого пути — это ее первый сборник, но мы считаем, что у нее большое будущее.

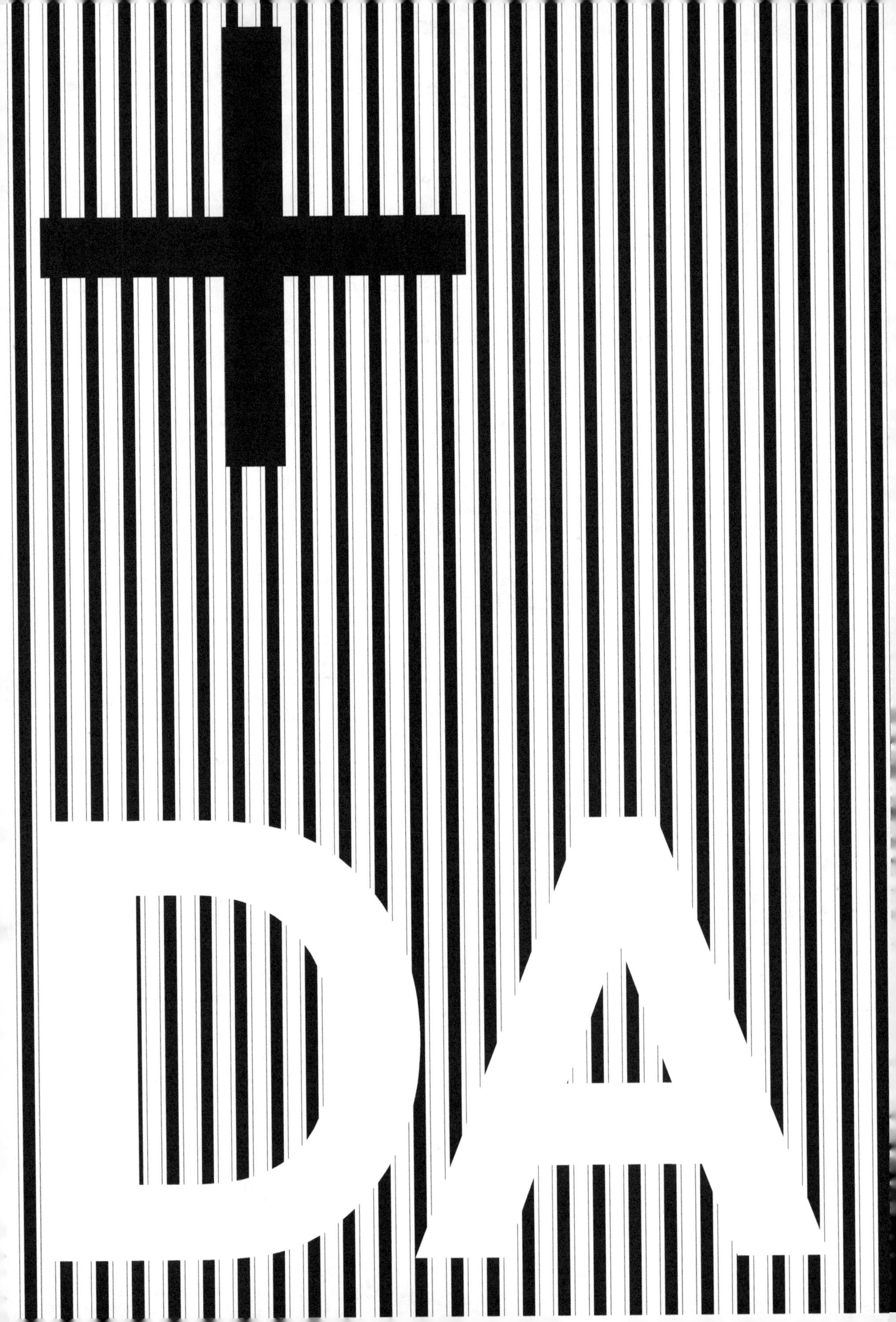
DA

+DAтоп

Марина

Марина Воронова (Стерлитамак)

Марина Воронова, 1964 года рождения. Родилась и выросла в Стерлитамаке. В 1984 году окончила Ленинградский промышленно-экономический техникум, три года проработала программистом на Орловском заводе шестерен. В 1987 году вернулась в Стерлитамак. Окончила факультет журналистики Уральского госуниверситета.

Корреспондент газеты «Стерлитамакский рабочий». Печаталась в журналах «Литературный Башкортостан», «Агидель», «Бельские просторы», республиканской прессе. В мае 2008 года вышел первый сборник М. Вороновой «Пленники невстреч».

Марина ВОРОНОВА

Бабье лето

* * *

Прохудилось небо. Солнца нет и нет.
Схоронили Глеба. Не придет поэт.
Ночи в старом парке призрачно — тихи.
Без одной помарки родились стихи.
Вперил хмурый город окна в горизонт.
Дождь. Запахнут ворот. К Богу поднят зонт.

* * *

Все выше и чище небо,
Звенит под окном капель,
Хотя до Бориса и Глеба
Немало еще недель.
И заморозки, и стужа
Случатся еще не раз,
Но мартом уже разбужен
Огонь неуёмный в нас.
Еще не бушует пламя,
Мы им не обожжены
И все же готовы сами
Взойти на костер весны
Безропотно, добровольно,
Без тщетных надежд на рай…
Не бойся, не будет больно,
Скорее бы только май!..

* * *

Красное вино в бокале,
Сладко как оно пилось!
Словно нашу кровь смешали
С солнцем виноградных лоз.
Наводя мосты свиданий,
Разрывая цепь разлук,
Мы бокал воспоминаний
Не спускали с жарких рук.
Говорили без умолку,
Запивая болью смех.
Время сбить пытались с толку,
Не надеясь на успех.
А на донышке осталась
Каплей солнечной в крови
Предвечерняя усталость
Красного вина любви…

* * *

У лета бабьего особый запах,
И вкус, и цвет, и музыка своя.
Ночное небо в синих звездных лапах
Раскачивает чашу бытия.
А в полдень в лабиринтах паутины
Плутает солнце, вязкое как мёд,
И в воздухе с горчинкою полынной
Знакомый журавлиный клин плывёт.
В такие дни, чудача и балуя,
Душой оборотясь к себе самой,
Так сладко опьянеть от поцелуя,
Который будет помниться зимой.

* * *

В историческом музее
Я на мамонта глазею.
Этот древний экспонат
Жил сто тысяч лет назад.
Как ему должно быть плохо
В нашей нынешней эпохе.
Неуютно, неудобно
Не среди себе подобных!..
Если часто спотыкаюсь,
Если рядом нет друзей,
Пореву. И отправляюсь
В исторический музей.

* * *

Во мне как будто выключили свет.
Тебя со мною рядом больше нет.
Всё правильно, всё верно, без обид.
Но свет погас. Он больше не горит.
Да, этого хотела я сама.
Но Боже, отчего такая тьма?!

* * *

Девочка стоит в пыли дорожной —
Кукла, белый бантик, пёстрый зонт —
И наивно верит в то, что можно
Пальчиком потрогать горизонт.
С чёлкою соломенного цвета,
В платье цвета солнца самого,
Девочка, похожая на лето,
О зиме не знает ничего.
Ничего не знает про утраты,
Про тоской заполненные дни…
Дети словно ангелы крылаты
И светлы как ангелы они.

* * *

Изобретательнее лета
Ей-ей, не сыщешь кавалера.
Оно то щедрым льётся светом,
А то дождём, холодным, нудным.
То утром вас подарит чудным,
То вдруг в ночи смутит химерой.
То снегопадом тополиным
Закружит голову хмельную,
То духом, восковым, пчелиным
Вас одурманит на мгновенье,
То лёгким ветра дуновеньем
Перенесёт в страну иную,
Где дом стоит. Пустой и мрачный
Где окон нет, глухи засовы,
Где пыль на лестнице чердачной,
Где свален в кучу старый хлам,
Где паутина по углам.
Где только воздух — васильковый!..
…И этим воздухом дыша
Живёт в дому моя душа.

* * *

Как грустно, как тревожно, сладко как
Смотреть сквозь занавесок паутину,
Как снег с дождём заглатывает мрак
И ветер бьёт прохожих редких в спину.
И, кутаясь в поношенную шаль,
С летящим снегом сравнивая годы,
Понять вдруг, что весны ничуть не жаль
И не держать обиды на погоду,
И чайник ставить, и писать стихи,
И поправлять ребёнку одеяло,
И у икон замаливать грехи,
Догадываясь, что молитвы — мало.
Лекарства от бессонницы не пить,
А наслаждаться возрастом, как ромом
И просто быть. Вернее, просто жить
Молитвами, дождём, стихами, домом…

* * *

В тихой заводи реки
Лодка отдыхает.
Где-то бродят рыбаки,
Клёв с погодой хают.
Ей, сидящей на цепи,
Чужды их заботы
Может, дремлет. Может, спит.
Может, ждёт кого-то…
Отражаются в реке
Облака и птицы.
Пусть в прибрежном тростнике
Сладко лодке спится.

* * *

Над городом беснуется метель
Бреду себе, её не замечаю
А дома ждёт уютная постель
И книга на столе, и чашка чаю.
И мама, щёку подперев рукой
Сидит у лампы с абажуром белым…
Всё кажется добротным, прочным, целым
Во всём тепло, законченность, покой.
Какая доля мне? Какая цель?
Неведомо. Пока я отвечаю
Лишь за свою уютную постель
За книгу на столе. За чашку чаю.

* * *

Опять рифмую строчки,
А, между тем, в окне
Весна, взрывая почки,
Подмигивает мне.
Зовёт сорваться в поле,
Сбежать в ближайший лес,
И дразнит, дразнит волей
Распахнутых небес,
Рассыпав солнца пятна
На рукава сукно…
Но вдруг спешит обратно
За пыльное окно…

* * *

Прощеному воскресенью
Стать поводом для веселья
Мешает масштаб размаха
И замысла. Но не страха.
Пожалуй, что нет для света
Величественней сюжета:
Меняем вражду и мщенье
На робкий росток прощенья.
Но тянет к земле земное,
Душе не даёт покоя.
И всходам любви на смену
Приходит осот измены.
Неважно, что люди — братья,
На каждом — клеймо распятья.
И мы существуем между
Предательством и надеждой.
Пасхальному Воскресенью
Стать поводом для спасенья?!.

* * *

Словно с грязного окошка
Кто-то пыль смахнул.
В небо колкой звёздной крошки
Щедро сыпанул.
Ярче — краски, звонче — звуки,
Запахи — слышней.
Сладко тянется в разлуке
Вереница дней.

И такой печали нега
Разлита во мне,
Что не страшно даже снега
Утром на окне…

* * *

Ты — житель чуждой мне страны.
Мы даже в этом не равны.
Но всё равно приходит час
И всё теряет смысл для нас:
И меркнет свет, и глохнет звук,
И враг — не враг, и друг — не друг…
Одно, одно наверняка:
В твоей руке моя рука.

* * *

Я в ветер ухожу, холодный, оголтелый,
Бреду по октябрю, в ладонь свою дыша.
Ты телом слишком бел, но мне не надо тела,
Которое давно покинула душа.
Вселенскую тоску не перекрасить в праздник,
Как ни ряди её, ни лакируй, ни мажь…
Да, много разных есть, но мне не надо разных —
Мне слишком тяжело свою баюкать блажь,
Мне слишком тяжело любить её и холить,
Под проливным дождём со свёртком семеня.
Ты волю воспитал, но мне не надо воли,
Которая тебя отнимет у меня.

* * *

Птахе рябины гроздья —
Пища и кров зимой.
Тихо скрипят полозья,
Катит возок домой.
Смолкла на время вьюга,
Снежный расчищен путь.
Ждет во дворе подруга,
Чтоб на каток рвануть.
Время летит, как птица,
Только его не жаль.
Он нам еще приснится,
Полный чудес февраль.

* * *

У Яффских ворот
Толпится народ.
Он весь — ожидание чуда.
Не веришь — не тронь!
Но сходит огонь
В кувуклию из ниоткуда.
Вот тысячи глаз
В стотысячный раз
На миг устремляются к небу.
Божественный свет
Приносит ответ,
Что в быль превращает небыль.
Мне жизнь напророчь,
Прохладная ночь!
Ты ангел Иерусалима.
Какая тоска в реке из песка!
И жажда — неутолима…

* * *

Эти двое — пленники невстреч,
Негде им обняться, негде лечь,
Негде им любить, смеяться, спать —
Дом чужой и занята кровать.
Только снег да стылые ветра
Лица им шершавят до утра.
И наступит утро — и опять
Негде им проснуться, негде встать…
Бесприютен и бездомен мир,
Где пустуют тысячи квартир.

* * *

Пусть будет так, как я хочу
И ты мне не перечь.
Прижаться к твоему плечу,
Чтоб рядом в землю лечь,
Чтоб слиться в целое одно,
Чтоб стала общей кровь,
Чтоб утром распахнуть окно
И знать, что есть любовь.
Чтоб сердце падало до пят,
Казался явью сон,
Чтоб каждый каждым был распят
И им же воскрешен.

Я слишком многого хочу,
Несбыточны мечты.
Прижаться к твоему плечу
И знать, что рядом ты.

* * *

Я слишком высокую ноту взяла,
Мне птицей хотелось парить.
Но, видно не очень-то крепкой была
С тобой нас связавшая нить.
Теперь мы всегда говорим невпопад,
Быстрее расстаться стремясь.
И новый над нами кружит листопад,
И старая рушиться связь.
— Всему свои сроки, — беззвучно шепчу,
В озябшие руки дыша.
Но вовсе без неба я жить не хочу,
Коль стала крылатой душа.

* * *

Лебедь зимы. Крик печальный и тонкий.
Время течет сквозь твои перепонки,
Льда истончая пространства и глыбы,
С вечностью что потягаться могли бы.
Слышно, как крыльями бьёт уже где-то
Голубь грядущего жаркого лета.
Будут в купели небес кувыркаться
Птицы, которых сумели дождаться.

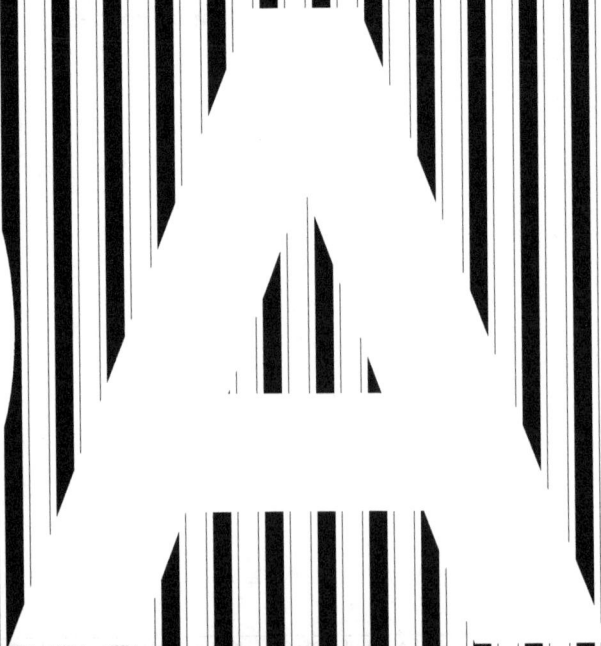

+DAтоп

Валентина

Валентина Гусева (д. Кладово)

Валентина Гусева родилась в 1951 году в Вологодской области. В 1962 году переехала вместе с семьей в Пошехонский район Ярославской области, на родину матери. Окончила школу, затем Рыбинское дошкольное педагогическое училище; в 1978 году — филологический факультет Ярославского педагогического института. Работает учителем русского языка и литературы в сельской школе, сотрудничает с районной, областной и центральной прессой.

Публиковалась в местной периодике и коллективных сборниках, в журнале «Русский путь» (Ярославль).

Живет в деревне Кладово Пошехонского района Ярославской области.

Валентина

Через года аукнется былое

* * *

Трава по пояс, хоть косой коси,
Колоколов погибельные звоны…
Я знаю: скоро избы на Руси
Цениться будут так же, как иконы.
Заросший волок еще помнит след
Сапожек детских, сшитых мне соседом.
Сапожек нет. Соседа тоже нет.
А дом мой есть… Но путь к нему неведом.
Судьба моя, обратно не зови!
Через года аукнется былое
Лишь искрой догорающей любви,
Воспоминаньем, смешанным с золою.

* * *

Ближе к полночи, одна
Выбегу тайком из дома.
На ветру шуршит солома,
В лунной проседи дома.
Луннолика, белогруда,
Буду ангелов сзывать.
Будет сердце замирать
От любви и жажды чуда.

Одна

И все мечты похоронила,
И рыжей глиной завалила —
И в дом пришла.
Кота увидела больного
И печь холодную… И снова
С ума сошла.

Опять письмо перечитала.
Потом легла под одеяло
И стала выть.
Лежала час, не сняв одежды,
Судьбу гневя вопросом грешным:
— Ну, как мне жить?

Потом посуду перемыла —
И словно все на миг забыла…
Потом с тоски
Мильон подруг наприглашала
И серебро поразменяла
На медяки.

Потом сама себя хвалила:
Врага какого победила!
Сильна!
Занозу вытащила — баста!
Никто мне белый свет не застит…
Одна!

Залетные кони

Кивну уходящим гостям,
Отчаянье спрячу в ладони…
И вновь по холмистым полям
Помчатся залетные кони.

Промчатся, мелькнут в никуда
Посланцы бестрепетной воли.
И снова гудят провода
И сердце трепещет от боли.

Был рай. Был, какой-никакой,
Шалаш, где мы жили в законе…
Зачем вы смутили покой,
Шальные залетные кони?

Фонарь

За окном собачий лай,
Непроглядность ярая.
Но качается фонарь —
Голова кудрявая.

Он работает, не спит,
Машет гривой рыжею,
Будто выручить спешит
Всех, судьбой обиженных.

Освещает трудный путь,
Гонит тьму отчаянно.
Глядь, и спас кого-нибудь,
Путника случайного.

И стоит, как часовой,
В эту пору темную…
Знаю: между ним и мной —
Разница огромная.

Жизнь моя течет в тиши,
В суете обыденной.
Потому я от души
Фонарю завидую.

Робкая зима

Какая странная зима —
То дождь, то снег, то снова дождь…
Да, виновата я сама,
Что ты меня давно не ждешь,

Что разведенные мосты
Не озарит безумье встреч…
Да, прошлогодние цветы
Нелепо в памяти беречь.

И всё ж в усталом хрустале
Мерцает искорка огня…
Так в остывающей золе
Мерцает свет, теплом маня.

К нему — сквозь лунные дома! —
Бежать, скрывая пальцев дрожь…
Какая робкая зима —
То дождь, то снег, то снова дождь.

* * *

И досель не знаю, что за сила
Увлекала на вершины скал.
Уходила, каюсь, уходила…
Открывал калитку и впускал.

Вил гнездо — а я его крушила!
Пухом стлал — и всё по ветру, в прах!
Я ногами по земле ходила,
А душой металась в облаках.

То озноб, то злая лихорадка,
То полыни чаша до краев,
То по полу клочьями тетрадка —
Ночь жестоких с рифмами боев.

Но стакан малинового чая
И ладошка теплая во сне
Нас с тобой, невенчанных, венчая,
Бурю подчиняли тишине.

В мой успех так верить нерушимо
Только ты, наверное, и мог…
Потому-то все свои вершины
У твоих я расстилаю ног.

* * *

От города избавиться хочу,
А он со мной. Ночами греет душу,
Котом сиамским ластится: — Послушай,
Давай уедем…
                        — Шутишь?
                                    — Не шучу.

Куда уехать? Где он, мой причал?
Все паруса поистрепались в клочья
И город стал являться только ночью.
Деревня — вот начало всех начал!

Начало жизни, колыбель мою
Качала бабка, тихо напевая,
Простым напевом дрему навевая:
— Усни, мой ангел, баюшки-баю!

Теперь сама я — бабка, Боже мой!
И за окном пейзаж все тот же, сельский,
И повод нужен, право, слишком веский,
Чтобы уехать от себя самой.

Мне здесь любое дело по плечу,
Я здесь живу, здесь складываю песни.
Но город все же снится, хоть ты тресни!
— Давай уедем… Слышишь? —
                                        Я молчу.

* * *

Вновь под дождиком плачут деревья,
Слезы-капельки падают с ветки.
На селе не играются свадьбы,
На селе не рождаются детки.

Исчезает деревня, уходит.
Срок придет — и не будет на свете.
Как она уцелеет, воспрянет,
Коли в ней не рождаются дети?

Вновь стучится в окошко рябина,
Словно чья-то мятежная память,
Словно чья-то надежда: а может,
Устоит? Не исчезнет? Воспрянет?

Петушиного крика не слышно,
Две старухи свой век доживают.
На глазах умирает деревня…
Или матушка-Русь умирает?

* * *

                                        Николаю Рубцову

Мы с тобою земляки, не боле…
Нависает, вьюгами звеня,
Над твоею и моею долей
Милая холодная земля.
В сумерках забрезжишь тихим светом,
Я к тебе навстречу побегу.
Ты давно на том, а я на этом,
Все еще на этом берегу.
Лодка, догнивая, ждать устала
Нашей встречи вдохновенный час.

Я над книгой ночь. Перелистала
Заново судьбу твою сейчас.
В горнице светает, как и прежде,
И звезда качает небосвод.
Можно ли, Никола, без надежды
Заводить веселый хоровод?
Цветики сажать — завянут вскоре.
А детей пускать на белый свет?
Я тебе скажу не без укора:
Ну, с чего ты взял, что счастья нет?
Кто тебе наплел про те морозы,
Про наветы и про ворожбу?
Кто обрек на муки и на слезы
Ангельскую душу? И судьбу…

Русалка

Бывает, такое приснится,
Что все повернется во мне…
Русалка, влюбленная в принца,
Запляшет на синей волне.

Запросит надежды и воли,
Загрезит о вечном добре.
Но принц не поймет ее боли,
Другую лаская в шатре.

Русалка, рванувшись из плена,
Исчезнет в морской глубине.
Останется белая пена,
Как память твоя обо мне.

Наваждение

Вы входите — веселый, молодой.
В глазах — полувопрос, полуулыбка.
И комната, покачиваясь зыбко,
Пропитывается нежности волной.
Ах, мне ли к сердцу ключик не найти!
Учтиво гостя я зову к обеду,
Завязываю светскую беседу,
И уж победу праздную почти…
Но зеркало — врага любого злей:
Взглянула лишь — и всё на место встало.

Ах, зря мое сердечко трепетало!
Вы не ко мне —
вы к дочери моей.

* * *

Ничего не происходит.
Остановка. Пустота.
То ли солнышко заходит,
То ли стала я не та.
Вьется тропка поворота
К тихой заводи судьбы
Без порыва, без полета,
Без измен, без ворожбы…
Как мне пелось! Как ревелось!
Как мечталось! Как жилось!
Все в муку перемололось,
Износилось, порвалось.
Где-то чья-то песня бродит,
А моя домой идет.
Ничего не происходит
И уж не произойдет.

Осенняя дорога

Тяну свой воз. Трещит, скрипит телега.
Моя поклажа вправду нелегка.
А надо мною кружат хлопья снега
И облака плывут издалека.
И я бреду, не замечая грязи.
Вороний крик — как будто ворожба…
Какая связь? Да никакой тут связи —
Есть лишь дорога и моя судьба.
Пусть не совсем та ноша мне по нраву,
Но я везу, пока могу, пока…
Я так хочу не угодить в канаву,
Не встретить по дороге дурака.

plusDA PUBLISHRERS - ПЛАНЫ ИЗДАТЕЛЬСТВА >>> www.plusDA.com

В планах издательства +Да Паблишерс — выпуск (прикольного) справочника **99 ПРАВИЛ ЭТОГО САМОГО ОТ ДОКТОРА АЛИКА**.
Подробнее с содержанием и датами выпуска можно ознакомиться на сайте издательства — **www.plusDA.com**
Ниже — обложка шутливого справочника.

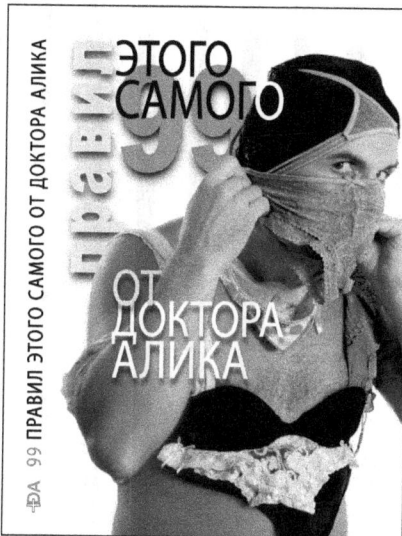

99 ПРАВИЛ ЭТОГО САМОГО ОТ ДОКТОРА АЛИКА
Доктор Алик

Сборник правил этого самого (известно чего) от Доктора Алика, скандально известного ведущего сексуально озабоченных радио-шоу. Своего рода сборник этикета для мужчин и женщин, или «Что вам не говорила мама, вплоть до выпускного вечера. Да и после тоже».

Доктор Алик возник на просторах Вселенной в 2008 году. Его неоднозначные радио-шоу повергали в смятение хозяев радиостанций, но хорошая спонсорская поддержка делала свое дело, и Доктор шумно шагал по радиоволнам США, России и Украины. Нагрянул кризис, спонсоры свернули финансирование, и станции радостно избавились от этого потрошителя традиций.

Оказавшись не удел, Доктор решил использовать передышку с пользой и записать на бумагу все, о чем он вещал в своих передачах. Так родилось несколько тематических книг, первую из которых мы планируем опубликовать в декабре 2010 г. Ее обложка перед вами, и она говорит сама за себя. Это свод юморных и, часто, шокирующих правил сексуального поведения — как для мужчин, так и для женщин. Вот лишь несколько из них (их, конечно же, намного больше, чем 99):

30. Настоящий мужчина, идя по улице с дамой, никогда не рассматривает проходящих мимо девушек, даже если у них классные эти самые. Некоторые могут сказать: жена — не дама, при ней можно. Неправильно — при ней нельзя, без нее можно. При друзьях тоже можно, но вот при друзьях и при ней — нельзя в квадрате.

33. Настоящий мужчина всегда добьется того, чтобы женщина это самое, пришла к финишу. Даже если она этого не хочет.

35. Если настоящего мужчину пилит жена, он не будет злиться или бросаться вещами, а спокойно скажет: «Женщины часто делают большую ошибку, пиля палку, на которой часто сидят! Подумай об этом». Я много раз проверял — женщин эта фраза вгоняет в ступор, и они замолкают.

40. Настоящий мужчина не принимает «нет» на веру. Если женщина отказывает, он должен спокойно предложить еще хотя бы два раза: женщин, как и гостей, приглашают трижды.

Эвелина

Эвелина Ракитская (Израиль)

Эвелина Ракитская родилась в 1960 в Москве. Окончила Литературный Институт. Член Союза писателей России и Русскоязычного союза писателей Израиля. Живет в Израиле.

РАКИТСКАЯ

Эвелина

И быть могу с Россией до утра…

И. К.

* * *

Как будто не бессмертна тишина,
Вы все о Малларме да Модильяни…
Но серый снег! Железная луна! —
как олимпийский рубль в пустом кармане…
Я под луною этой рождена.
Я от Парижа — на другой планете,
где с трех сторон — далекая страна,
и колокол раскачивает ветер.
Пойдешь налево — пусто с трех сторон,
пойдешь направо — воздух смертью дышит.
Пойдешь ли прямо — черный крик ворон
(про этот крик поэты вечно пишут…)
Какой Апполинер? Какой Дега?
О чем Вы это? —
в черно-белом цвете
до горизонта — ровные века,
и колокол раскачивает ветер…

* * *

Я отрекаюсь каждый день
и отречением горжусь.
Меня пугает даже тень
людей, которых я стыжусь.
Я отбиваюсь как от рук,
я удаляюсь по стезе
от непристроенных подруг
и непрописанных друзей,
от тихих, буйных и других,
и от аллергиков на ложь…
Мне тяжело смотреть на них —
кто очень на меня похож.

Я этих комплексов боюсь:
они заразны, как чума.
Теперь я весело смеюсь
над тем, чем я была сама.
Когда сижу среди людей,
знакомством с коими горжусь,
мне очень стыдно за друзей,
которых я в себе стыжусь:
они из глаз моих глядят,
мой голос ими заражен,
и я влезаю невпопад,
я просто лезу на рожон…
Но прогоняя их, как бред,
я только робко жмусь к стене:
меня почти на свете нет,
когда их бреда нет во мне.
Я вся из этого стыда
людей, которых я стыжусь…
Но близок, близок час, когда
я от себя освобожусь,
когда уйду от вас одна,
вас опасаясь, как огня…

Он близок, этот час, когда
вам будет стыдно за меня…

…Когда мне будет сорок лет,
когда я первой окажусь,
восстановите мой портрет
из тех, которых я стыжусь.

* * *

Страна моя, пустынная, большая…
Равнина под молочно-белым днем.
Люблю тебя, как любит кошка дом,
Дом, только что лишившийся хозяев.

И странное со мной бывает чудо —
Когда-то кем-то брошенная тут,
Мне кажется, я не уйду отсюда,
Когда и все хозяева уйдут.

Я буду в четырех стенах забыта,
Где с четырех сторон судьба стоит.
И кто-то скажет: «Ваша карта бита.
Вам путь отсюда далее — закрыт…»

…Я думаю об этом только ночью,
Когда никто не может подсмотреть.
А днем я знаю совершенно точно,
что здесь нельзя ни жить, ни умереть.
Лишь в Час Быка,
шарф намотав на шею,
как будто я совсем уже стара,
я на руки дышу и чайник грею,
и быть могу с Россией до утра,
И мне легко,
как будто век мой прожит,
как будто мне под восемьдесят лет…
Россия и беда — одно и то же.
Но выхода иного тоже нет.
И пуще гриппа и дурного глаза,
пока стоит великая зима,
ко мне ползет бессмертия зараза,
страшнее, чем холера и чума.
Она ползет, пережигая вены,
от пальцев к сердцу, холодя уста,
как будто я внутри уже нетленна,
и речь моя пустынна и проста.
Как будто бы из жизни незаметно
ступила я туда, где воздух крут,
где все двуцветно (или одноцветно),
как жизнь моя — чье имя — долгий труд..
И лошади, бессмертие почуя,
остановились а ледяной степи…
Сон, снег и свет…
И дальше не хочу я…
Любовь? Не надо никакой любви.
Плоть в камень незаметно превращая,
а душу — в то, чего нельзя спасти,
как вечный снег, страна моя большая
стоит по обе стороны пути.
И в этой замерзающей отчизне, —
уже не размыкая синих губ, —
мне все равно: гранитом стать при жизни
или до смерти превратиться в труп…

* * *

Вы не дали мне краткого имени,
потому я так прямо стою.
Для чего ж Вы с собой привели меня
да и бросили в этом краю?
Разветвленная я, неуклюжая,
как сосна у небес в глубине,
как любовь моя — вовсе не нужная
к этой тянущей душу стране.

Не хочу для нее я эпитетов:
не «большая», не «серая»… нет.
Я не знаю ее и не видела —
только тихий чернеющий снег,
только ветер за низкими окнами
да кусочки пожухлой травы,
только я за немытыми стеклами —
я, назвавшая Бога на «Вы»…

Когда-нибудь меня разоблачат

Когда-нибудь меня разоблачат,
и по дороге от метро до дома
мне будет все казаться, что летят
за мной глаза обманутых знакомых…
Когда-нибудь меня разоблачат
и растрезвонят весело повсюду,
что мой так называемый талант —
не Божий дар, а цирковое чудо…
Когда-нибудь на все укажут мне:
дешевые приемы,
шарлатанство,
«Легко жила»
«писала о себе» —
и возвратят в обычное пространство.
Когда-нибудь меня вернут назад,
как слово, убежавшее из песни.
Так в утренний холодный детский сад
приводят после месяца болезни…
…Я помню все: дразнилки за спиной,
и как совали шарики из хлеба
за шиворот… и мысль:
не мне одной
заметно, как я выгляжу нелепо…
Я помню все: прокисший вкус котлет
и тайное сознанье превосходства.
С тех пор я целых девятнадцать лет
скрываю от людей свое уродство.
…Когда-нибудь меня разоблачат.

Стихи лишнего человека

1.

Ну что ж такого? Люди и огни,
над головой раскрытые зонтами…
И вымершие солнечные дни,
Усыпанные чахлыми цветами.
И в комнатах пылится пустота,
и все давно уехали на дачу,
и сохнет в холодильнике еда,
оставленная к пустоте в придачу.
А воздух вечерами так горяч,
что кажется береза кипарисом,
и хочется до ужаса — хоть плачь —
устроиться в провинции актрисой,
чтоб закрутить трагический роман
с каким-нибудь мошенником и вором,
чтоб этот обольстительный обман
дал пищу интересным разговорам.
Чтоб слухи распускали про меня
прыщавые уездные весталки,
чтоб говорили: «как она страшна»,
и чтобы было им меня не жалко…
И чтобы тот, который соблазнил,
ограбил, бросил и забыл навеки,
сначала показался очень мил,
но оказался пошлым человеком.
Чтоб о любви без умолку трещал
и страстно обещал на мне жениться,
и повезти на воды обещал
в Швейцарию, Венецию и Ниццу… —
пообещал все это и сбежал,
в рулетку просадив свое именье,
а может — потому что уважал
уездное общественное мненье…
Но для чего ж такого подлеца
в своих мечтах я вдруг нарисовала?
А просто в жизни этого лица
все было б ясно с самого начала:
я знала бы его коварный план —-
наврать, сбежать, исчезнуть, испариться,
но был бы обольстительный обман:
Швейцария, Венеция и Ницца…

2.

А я была уборщицей тогда.
И, копошась в последствиях ремонта,
сама себе шептала иногда
навязчивые строчки из Бальмонта,

которые учебник выдавал
за идеал ритмического строя,
чтоб ученик, как выкройку снимал
приемы поэтического кроя…
И мир был так удушлив и горяч
и скроен по метрическим законам,
что даже самый радостный рифмач
терялся в нем, как плачущий ребенок.
Все выводы за доводами шли,
стояли перед следствием причины,
и люди, в основном, себя вели,
как женщины должны и как мужчины…
…Я знала, что Россию не люблю,
(Любить себя — что может быть глупее?) —
поскольку объяснить, за что люблю
еще труднее и еще страшнее.
Я знала, что куда ни кинь глаза,
везде застыла ясность ледяная,
и ничего благословить нельзя,
одновременно с тем не проклиная…

3.
И шли слова — попарно и поврозь,
По одному и длинные цитаты.
Они ползли через меня насквозь,
а может быть — шагали, как солдаты.
От звона их болела голова,
и без того тяжелая от пыли,
но я зато была во всем права,
поскольку мир не для меня кроили…
И лишь хотелось, чтобы все пришли
и поглядели, как в словах витая,
я пол мету, и волосы в пыли
так выглядят, как будто я седая;
как я плюю на эти небеса,
смеюсь в ответ на вечные вопросы,
сама себе пуская пыль в глаза,
чтобы из них не выкатились слезы…

4.
Я невпопад. Я — не в свои века.
Мне одиноко, холодно и сыро.
Я — как животным пятая нога,
а человеку — дырочка от сыра.
Я вечно не о том и не про то,
моя душа поделена, как Польша.
Я раньше лет на двести или сто,
и позже лет на двести или больше…

Тут ясно все. Тут плачут и поют,
тут лирику гражданскую рождают.
За что им часто деньги выдают,
а некоторых даже награждают.
Тут скучно — ни вперед и ни назад.
Тут песни про нейтронную угрозу.
Тут, словно заключенные, стоят
рядами черно-белые березы…
…А ТАМ — ловить в приемнике «Маяк»
за то, что он враждебен Вашингтону,
и прицепить к балкону красный флаг,
и презирать британскую корону.
Цитировать из Маркса все подряд,
людей пугая тенью коммунизма,
и не стесняться, если уличат,
что дорога мне красная отчизна.
В стране, где можно рукопись продать,
Да и себя — в придачу к вдохновенью —
не стыдно даже Ленина читать ! —
и помнить наизусть определенья…

5.
И пепел мой развеют над Москвой.
А чтобы не возникли осложненья,
я выторгую, будучи живой,
посмертное свое освобожденье.
Я, может быть, юристам дам на чай —
дам тысяч пять, пусть радуются, черти,
но чтоб потом пропало невзначай
у них мое свидетельство о смерти.

Потом я загляну в больничный морг,
и, расплатившись звонкою монетой,
скажу, чтоб не вскрывали череп мой,
чтоб, вынув мозг, набить в него газету…

А вас я попрошу стихи мои,
которые лежат в «архивах личных»,
не размножать на ксероксах в НИИ
и не сжигать на площади публично:
иначе кто-то сможет подсмотреть,
что вся их поэтическая сила
не в том, чтобы кого-нибудь согреть,
а чтобы кровь от ужаса застыла….

* * *

Я не люблю эпитетов-клещей:
всех яблок и камней, зимы и лета….
Я создана из тени и из света, —
а вовсе не из слов или вещей…

Всех этих «глин», «песков», «морей» и «рек»,
дождя, хамсина, снега, листопада, —
не надо мне, не надо мне, не надо! —
Мои стихи писал не человек.

Мои стихи писались без меня.
И потому в них нет обычной кожи.
Они на скалы голые похожи,

Да, я люблю ПОЭТОВ, ну и что же? —
ПОЭТЫ есть, но их стихи — фигня…

В словах вообще большого смысла нет.
Слова — они всего лишь компромиссы.
А я хочу пробраться за кулисы,
пройти насквозь, увидеть ваш скелет…

Там, за бумагой, есть иная суть.
у слов любых…. вот-вот, еще полшага —
и я уйду в пространство за бумагой
и не смогу найти обратный путь.

* * *

Это было в далекие годы когда-то
Жил на свете один человек…
Он рассказывал в лекциях что-то:
Про запретный Серебряный век…

Был он даже доцент, не профессор,
Но девицы сходили с ума!
Прибавляла к нему интереса
Эмигрантская тема сама.

Ходасевич, в чердачной трущобе
Свой смертельный встречающий час….
Романтично… трагично… еще бы!
(но пока не касается нас.)

Или Бунин с одним чемоданом,
Или мало ли кто там потом…
Адамович… Георгий Иванов…
тишина под парижским мостом.

+DA ТОП * 7-9 2010 * plusDA Publishers * Нью-Йорк * www.plusDA.com

Говори же, Смирнов, говори же!
(все его называли В. П.) —
Мы, конечно, умрем не в Париже,
Это все не о нашей судьбе!

Нам под Ваши высокие бредни
О России трагических дней
Сладко спится за партой последней —
В самом сердце державы своей.

… Мы умрем и в Париже, и в Ницце,
В Тель-Авиве, в Беер-Шеве, везде…
Это прочное слово «граница» —
Не прочней, чем круги на воде.

Это цепкое слово — «держава» —
Разлетится салютом во прах.
Это слово летучее — «слава» —
Приземлится синицей в руках.

Сладко спится под говор Смирнова,
Под его вдохновенную речь!
(Но высокое русское слово
никого не сумеет сберечь.

Но высокая русская проза
И поэзии белая кость
Обернутся безумною позой,
Превратятся в чернильную злость…)

…Говори же, В. П., говори же,
Говори нам о самом святом.
В тель-авивской коморке на крыше
Я тебя через годы услышу.
И неважно, что будет потом.

* * *

Когда они пришли из черных дыр —
Крутые боги, ушлые ребята, —
Они пошли войною брат на брата
И, как братва, делили этот мир.

И каждый бог использовал в войне
По одному какому-то народу.
И вешали лапшу, и лили воду,
Чтоб люди им поверили вполне…

И люди им поверили вполне.
И до сих пор стихи об этом пишут.
Но боги их давно уже не слышат, —
Погибшие на собственной войне…

Российскому дворянскому собранию посвящается

* * *

Разжиженную кровь
и памяти обломки
собрав,
и нацепив забытое лицо,
объединились вновь
надменные потомки
известной подлостью прославленных отцов.

Потомки палачей
и разной прочей дряни,
опричников с метлой —
холопов у царя…
Собрание у них.
Они теперь дворяне.
Духовность будет жить
им всем благодаря!

Эк, вспомнили они
про титул и про имя…
спас прадед-большевик
прабабушку-княжну…
где сколько было душ…
как торговали ими…
как дедушка-чекист
любил свою страну…

Они устроят нам
немыслимое счастье.
В лихую из годин
укроют от врагов!

«Как русский дворянин
я буду дружен с властью», —
заверил господин
Никита Михалков.

Им только дай права —
мы расцветем под ними.
И титулы они
присвоят нам за труд.
Вот Алла, например, —
она уже графиня… —
с фамилией такой
в графини ли берут?..

Что скажете, друзья?
Прибегните к злословью.
…Но есть и высший суд…
Россия… бровь… любовь….
Ура и юнкера…
…своею черной кровью…
та-ра-ра-ра-ра-ра…
их праведную кровь…

*Вологодская писательская организация
регулярно проводила так называемые «Руб-
цовские чтения»: писатели садились на па-
роход, плыли по реке Вологде, напивались и
нередко падали за борт…*

* * *

Вся русская поэзия, ты — бред.
В тебе ни смысла, ни дороги нет.
Ты — как рубцовский пьяный пароход,
Что в никуда по Вологде плывет…

И всё одно — всё водка и вино.
И вечно кто-то падает в окно.
Пока друзья поют про ямщика,
Его уносит Вологда-река

В бессмертье ли, в безумие, в запой, —
Когда сомкнутся волны над тобой,
Друзья тебя помянут, так и быть,
И пропоют, что *кони хочут пить*…

Пока они поют про ямщика,
Мне душу рвет вселенская тоска.
А им — тоска привычна и легка,
Она для них — как водка и река…

Как причитанье «господи, прости…»,
Как «жизнь пройти — не поле перейти»…
Как вечное раскаянье за грех,
Как будто бы касающийся всех…

… Наверно, я нерусская душа:
Зачем жить каясь и опять — греша? —
Размазывая сопли по лицу,
Глаза подняв к небесному отцу…

И ваших песен слушать не хочу —
Они всегда подобны палачу.

Но я не знаю, в чем моя вина.
Я жить хочу. Оставь меня, страна…

Оставь, и больше душу не трави,
Стихи и песни — в водке и крови…
А книг, как жил Губанов и Рубцов,
Могу я не читать, в конце концов…

Я жить хочу… оставь меня, страна.
Нерусские у внуков имена.
Им будет жить светло и налегке.
Им не писать на русском языке.

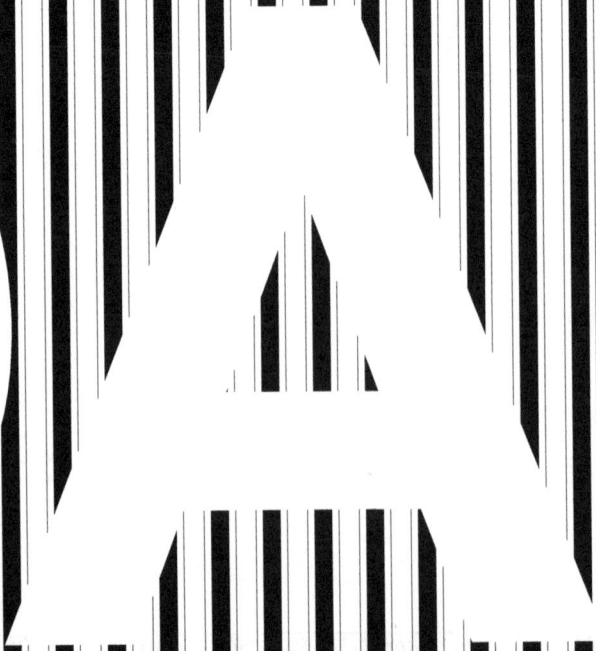

+DAтоп

Светлана

Светлана Суслова (Кыргызстан)

Светлана Суслова родилась в 1949 г. в городе Чита в семье врача. С 1952 г. живет в Бишкеке (бывший Фрунзе). В 1971 году окончила филологический факультет КГУ.

Школьницей работала диктором Кантского районного радиовещания, сотрудничала с газетами «Знамя Победы», «Комсомолец Киргизии». С 1971 года редактор в комитете Гостелерадио Киргизской ССР, затем корреспондент газеты «Мугалимдер газетасы», помощник ответственного секретаря газеты «Мугалимдер газетасы», помощник ответственного секретаря газеты «Комсомолец Киргизии». С 1975 г. литсотрудник, затем зав. отделом поэзии в редакции журнала «Литературный Киргизстан».

Первый поэтический сборник «Моей Азии» издан в 1978 г. В 1982 г. поэтические сборники «Моей Азии» и «Пятое время года» отмечены премией Ленинского комсомола страны СССР. Член Союза писателей СССР с 1979 года

Светлана

После Сальери

Учителя

Учителя давно ушли за край —
Почили все под плитами надгробий…
Как в зеркалах себя ни узнавай,
Черты линяют и во тьму торопят.
Но не даётся в руки та строка,
Чтоб возгордиться — и поставить точку!

Учителя! Как ноша нелегка…
И тот, кто дал её мне, между прочим,
Ведь знал, что с ней расстаться не дано:
Она с тобой сольется, став тобою,
И сто смертей навесит заодно
За всех прошедших этой же тропою…
Да, вы во мне — мой Пушкин, Бунин, Блок,
Цветаева, Ахматова и Бродский…
Несу я вдаль ваш вечный певчий слог —
Как в юности клялась, — и пусть неброской
Сложилась жизнь,
Но в русской речи есть
Моё — за вашим вызревшее — Слово.
Вы оказали мне такую честь,
В моей судьбе взойдя для жизни снова!

Вдохновение

Чувств юных взрыв, — что соловьиный свист! —
К вершине белоснежной восхожденье,
Желаний пир, живой родник прозренья,
Весь мир — у ног,
И взор по-детски чист…
И вдруг…
Едва проходит вдохновенье —
Так стыдно видеть весь в помарках лист,
Как смятое бельё грехопаденья.

* * *

Застенчивою девочкой была,
Стеснялась щёк, их яблочного глянца.
По вечерам проворно шла игла,
Пейзаж нездешний вписывая в пяльцы.
Но то была для внешних взглядов гладь.
Среди ночи летело одеяло,
И строчки — вкривь и вкось, и как попало, —
Лепились в потаённую тетрадь,
И взор горел, и конской чёлки взмах
Сметал с пути и лад, и гладь, и глянец,
И замирал во рту пунцовом палец,
Покуда рифмы путались впотьмах.
Вишнёвый сад ломился в спящий дом
Девятым валом вешнего кипенья.
И Афродитой в этой белой пене
Рождалась жизнь, что сбудется потом:
Пусть трудный путь — но с радостью побед,
Тома творений, почести и слава,
Любовь, детишек целая орава,
И в странствиях открытый белый свет…
Прошло полвека. Перечень утрат
И всех свершений
Жизнь внесла в скрижали.
Но почему теперь всё больше жаль мне
Ту девочку над пяльцами
и сад,
Что нынче только снится белизной,
И то — когда подступят к горлу строчки?..
…Да, всё сбылось. Но словно между прочим,
Как будто это было не со мной.

* * *

Окно маячит шлюпкой в море тьмы.
Не спится. Где-то брешут две собаки.
Одна твердит, что созданы умы
Рождать обличье мира на бумаге,
Другая утверждает: белый свет
Уже давно начертан для свершенья,
И в нём живущих вовсе как бы нет,
Хоть тень для света — тоже продолженье.
Не спится. Я боюсь ночных мышей,
Брехни собачьей, скрипов, стуков, мыслей…
У нас в дому немного этажей,
Но каждый ночью как над бездной виснет.

Всё иллюзорно: было и прошло.
И жизнь уже теряет очертанья.
И дождь ночной расплющен о стекло,
Как на устах истрёпанная тайна.
Не спится. Мысли бродят, словно дождь.
Возьмёшь ли книгу — там для сердца пусто

…

Искусство Слова — это, в общем, ложь.
Все умозренья — дело рук Прокруста.

Учителю

Ты не успел сказать, что жизнь проста.
Перо готово.
Вот — мои уста…

Зеркало

Что скажешь, Моцарт постаревший,
Бессмертьем переживший яд?
Навеки музыкой утешив,
Весь мир ты проклял, говорят?
Все вечно: счастье и забвенье,
Глумленье толп и ложь похвал…
Шалуньи-Музы дуновенье
Сменил безвременья оскал.
Ты к славе, словно раб к галере,
Прикован в млечности Пути.
Теперь ты жаждешь встреч с Сальери! —
Чтоб в нем на миг себя найти…

* * *

На снежной кроне черная ворона
Застыла, озирая белый свет,
Как шутовская грязная корона,
Которой сносу в этом мире нет…

Сударыня, картавая чернавка,
Хоть что-нибудь назавтра напророчь!
Судьба опять последней щедрой ставкой
Собой рискнуть, азартная, не прочь:

Мол, отыграть себя еще смогу я…
Так любит шут рядиться королем,
Так мотылек в блаженстве поцелуя,
Забыв себя, становится огнем…

Скажи же мне, премудрая ворона,
Как будто дегтем смазанная вся,
Как жить, покоя в жизни не вороня
И пылких чувств рассудком не гася?

* * *

Вся жизнь сквозь пальцы льется, как песок.
Но каждый миг — вглядишься, — одинок,
Хоть он сумел вписать себя в поток,
Где я лежу, уставясь в потолок,
Без сна. И без желаний…
Водосток
Сменил на бормотанье пышный слог.
Но не алеет радостно восток:
Уходит солнце в тучи, как в песок.
И лишь один взволнованный листок
Окно ладонью тронул, как висок

* * *

Поблекшие личики старых подруг —
Сквозь смог прогоревших претензий.
Былых отношений разомкнутый круг.
Увядшие листья гортензий…
Поврозь — если нас не сводить, — мы еще
Полны и огня, и задора:
Мерцая румянцем накрашенных щек,
Завяжем узор разговора…
Но столько в душе накопилось тоски,
Неверия, скуки, обиды!
С ушедшим встречаться всегда не с руки.
Мы с ним по достоинству квиты.
Вчерашние Таня, Людмила, Джергал
Сегодня уже безвозвратны.
Вставных челюстей беспричинный оскал,
Заржавленный смех хрипловатый, —
И все неестественно, словно кино,
Что видели в юности часто…
С подругами, — если простились давно, —
Спаси нас Господь повстречаться!

* * *

Старухи лукавы и злы, —
Так думалось в юности часто, —
Пролезут и в ушко иглы,
В борьбе за старушечье счастье:
Быть правой в любой маяте,
Злорадствуя, знать и провидеть,
В своих телесах, как в гнезде,
Меняться смелей, чем Овидий…

И вот я сама дожила
До этого возраста злого.
Но где она, эта игла,
В чье ушко пролезть я готова,
Чтоб только остаться собой —
Всесильной и дерзостно-глупой?

Я, может, годна на убой,
Но все в этой жизни мне любо:
Сверканье локтей и колен
Девчонок, в любви не надменных,
И песни назойливой плен,
И к новому все перемены…
И так я всегда не права,
Что к внукам прошусь в ученицы…

А утро, забрезжив едва,
Зовет меня с вечностью слиться.

Долгожданный снегопад

Мир сияет, зачеркнутый снегом.
Ветки вдруг распушились вдвойне.
Все с лихвою отпущено небом,
Все стремится остаться в весне,
Превращая снежинки в созвездья,
В танец бабочек, в грезы цветов:
Белоснежной сирени соцветья
Раскрываются в купах кустов…

По пушистому насту ступая,
Понимаешь, как мир этот чист,
И душа, что жила, как слепая,
Устремляется помыслом ввысь,
Потому что заносит забвенье
Все, что было худого вчерне…

Что, сменяясь, несут поколенья?
Новизну. Чтобы вновь по весне
Все прозренья, обиды и зависть
Под сугробами новых минут
Превратились в нежнейшую завязь,
Что цветами без нас назовут.

* * *

Я Рыба, и поэтому ценю
Лишь речь, что льется вольно, без препятствий,
В которой ощущаешь глубину
Не для ушей земной ползущей паствы:
Чтоб за октавой долго гасло «до»,
А верхнее — взлетало в пропасть солнца,
Куда живым не хаживал никто,
Куда лишь раз прорваться удается…
Я — Рыба, порождение начал.
Храня Земли живое первородство,
Я знаю:
тот, кто вынужден молчать,
Спасает Слово Жизни от сиротства.

* * *

Я искала Бога на земле —
Я влюблялась в мудрых и красивых…
Слить сердца в одной туманной мгле
На мгновенье
Было мне по силам;
Я искала Бога в снах, в мечтах,
В трепете поэзии и мысли;
Слово я носила на устах
Тайной,
Не подвластной нашей жизни;
Я искала Бога в немоте
Светлых рос на чашечках цветочных;
Я себя теряла в суете,
В графах лет порой проставив прочерк…
И, почти закончив путь земной,
Вдруг узнала то, что знать без толка:
Бог везде, —
Тобой рождаясь, мной, —
Ищет он во всех себя — и только…

* * *

…Не тешь себя надеждой, дорогая,
Что эта жизнь — всего лишь черновик,
Что вслед грядет хорошая, другая:
Лишь радости осознанной родник…
Нет, все страданья, выпавшие в этой,
Лишь для того и были, чтоб понять:
На малый срок рожденные для света,
Домой, во тьму, торопимся опять.

Отворотное зелье

Вкус парного молока
Смешан с горечью полыни…
Знать легко наверняка:
Нет любви во мне отныне.
Между нами путь полит
Древним зельем отворотным.
Ты Адам, а я — Лилит.
Ты пленен, а я — свободна
От надежд, обид, страстей,
От тоски и ожиданья…
Назову к себе гостей,
Соглашусь ли на свиданье
Или сяду у окна
С самой лучшей книгой века…
Я теперь всегда вольна
Жить —
Уже не человеком…

* * *

Дай нежности еще испить, о Бог!
Пора спешить. И хватит испытаний.
Мой путь уже свернул на Твой порог —
К последнему из множества свиданий.

Я не всегда верна была Твоим
Отцовским наставленьям при рожденье.
Вкусила все я: славы терпкий дым,
Паденье, ложь, любовь и жажду денег, —

Все было, и не надо этих благ.
Лишь нежности — один глоток, последний…
Смотри, — пылает прядь, как белый флаг,
И нет капитуляции победней!

Лишь об одном молю тебя, мой Бог,
Отринув ухищрения искусства:
Дай нежности — незначащего чувства,
Чтоб, став собой, взойти на Твой порог!

Смерть

Наша встреча уже назначена —
Год и месяц, и час, и миг…
Так же крутится Жизнь — заманчива,
Как хрустальный в жару родник,
Что течет, изменяясь радужно,
И прельщает, зовет шутя…

Будет встреча, я знаю, слажена
Под навязчивый шум дождя.
Мокрый лист на стекло прилепится,
Ветка стукнет, взовьется дрозд.
Кто-то с неба опустит лестницу,
Синих молний отломит гроздь
И, сквозь стены пройдя, наклонится,
Вечной молодостью дыша…

И замру я — солнцепоклонница,
И рванется на зов душа:
Самый верный, что ждал без ропота
Лишь единственной встречи — век,
Все приманки земные, хлопоты
Вдруг отменит. Уже навек…

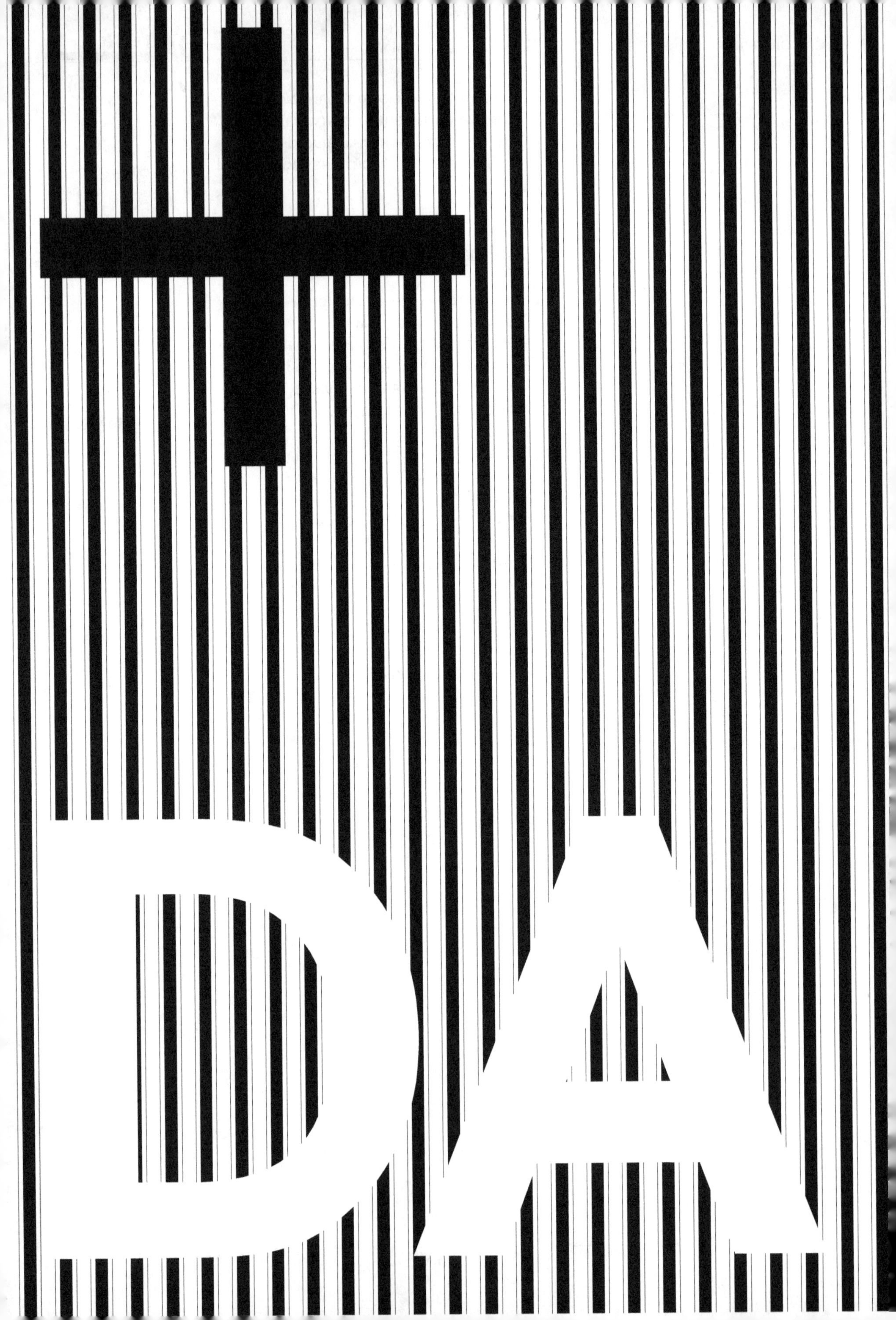
DA

+DАтоп

Владимир

Владимир Токмаков (Барнаул)

Владимир Токмаков. Родился в 1968 г.
Автор поэтических сборников "Аромат девушки за каменной стеной" (1995), "Двойное дно" (1997), "Гадание на веревке повешенного" (1997), "Боязнь темноты" (1999) и романов "Детдом для престарелых убийц" (2001), «Настоящее длится девять секунд» (2005).
С февраля 2000 г. член Литбюро альманаха "Ликбез" (Барнаул), зав. Отделом поэзии.

ТОКМАКОВ

Владимир

Бой часов

Поколения

Мой прадед
вернулся в 1918 году
с первой мировой войны
живой,
проносив с собой в вещмешке икону
Богоматери со Спасителем.
Мой дед
вернулся в 1945 году
со второй мировой
живой,
проносив у сердца партбилет.
Мой отец
вернулся в 1963 году
с войны «физиков» и «лириков»
живой,
проносив в сердце
образы Че Гевары, Хемингуэя,
Ремарка и Твардовского.
Мой брат
вернулся в 1984 году
с афганской войны
живой,
проносив в кармане
фото любимой девушки.

* * *

…тебе, недобитку, внушает такую любовь
это гиблое время и Богом забытое место.

Сергей Гандлевский

Ничего не получается,
поколенья не встречаются,
разминулись на пути.
Одинокие, тревожные,
с направлениями ложными,
с пеплом Феникса в горсти,
гениальные — ненужные,
перепившие — недужные,
параллельно не сошлись.
Не узнавшие про главное,
не обласканные славою, —
мимо, мимо мчится жизнь!
Манит нас страна далекая,
манит небо нас высокое, —
машем ручкой всем: «Привет!»
…Так уходит поколение:
не горение, а тление
скучных, бесталанных лет.
Мы, как рубль в стогу потеряны,
на бессмертье не проверены,
в землю дождичком уйдем.
Нераскрытые, забытые,
безразличием убитые,
на помойку нас, на слом!
Для чего мы предназначены —
все осталось нерастрачено,
сваленный в чулане хлам.
Мы не ноем — терты, мечены,
мы свободой не долечены, —
серп и молот, что? Что, Храм?!
До свиданья, поколение,
не горение, а тление
планов, помыслов благих.
Нашу песенку неспетую,
береженую, заветную,
оставляем для других…

* * *

Бой часов… В бою убито время.
Скоро полночь. Полменя не спит.
Капают секунды мне на темя —
Богом обозначенный лимит.
Где-то я ступил не той ногою.
Все боялся: как бы вдруг не в грязь.
То что не досталось мне судьбою
надо было попросту украсть!
Где-то я ошибся в этой жизни.
Думал — смех, а вышло — хуже всех.
Мозг мой расползается на мысли,
как побитый молью старый мех.
Я спешил, но опоздал намного.
Опоздав — вернулся, никого:
век ползет калекою безногим,
с выбритой ветрами головой…

* * *

Она отомстит в астрале.
Она отомстит — будь готов.
За преданные идеалы —
за все отомстит любовь!
Она запомнит детали,
неточность сказанных слов.
Запомнит как убивали
хрупких ее послов!
Она тебе все припомнит,
в астрале, где будешь один…
Там все одиноки, кроме
любивших до смертных седин.

* * *

Человек обрастает вещами,
как корабль ракушками и водорослями, —
видите,
вон тот уже не сдвинется с места.
Вечный океан
пусть станет вашей родиной,
движение будет вашей религией,
оставайтесь легкими бригантинами
на всю жизнь,

и тогда,
вот увидите! —
вы доплывете до своего
острова сокровищ…

* * *

Темнота глядится в темноту:
ночь глядит в глаза нам. Это страшно:
ночь ведь территория не наша —
немота стучится в немоту.
В темноте, в тоске, в кошмарных снах,
в книгах, на неведомых дорогах,
шаря наугад руками Бога
ты найдешь лишь первобытный страх.
Смелые при солнце, по ночам
мы — слепцы, куски библейской глины,
краски незаконченной картины,
плесневелый, ветхий, книжный хлам.
Что мы знаем? Дети наготы,
жалкие, беспомощные люди?
Ночь пришла. Салют из ста орудий
верным рыцарям неверной красоты!

* * *

Наш мир устал — и он не хочет жить.
Восславим же начало умиранья,
падения, заката. рассыханья
бездонной бочки тощих данаид.
Пусть тонет то, что больше не горит.
Наш мир устал — и мы устали с ним.
К тому же мы здесь временно, случайно,
не звали нас, открыто или тайно,
на именины к Богу. отдадим
все, что не наше: душу, мысли, грим…

Собачья радость

Очень тихо, про себя,
вас любя, себя любя,
расскажу вам, как все было,
как нас эхом чуть не смыло.
Чуть не смыло в никуда…
Ладно, это ерунда.
Вот в чем штука: по Корану
скоро я собакой стану.

Не хотелось бы… Но впрочем
это мучает не очень.
Мой ответ собачий прост:
важен голос, а не рост.
Остальное — будет проще:
укуси святых за мощи,
а когда кричат: «Собака!» —
отвечай по Зодиаку.
Ты в созвездье Гончьих Псов —
говори, как Бог, без слов.
Победителей — засудят,
поделись — и не убудет,
продолжай играть на нервах —
если больно, значит верно.
Истину рождает эхо:
эхо — плача, эхо — смеха.
У собак один закон:
ночью гон, а утром сон.
От собаки до собаки —
пусть страна живет без драки.
Нам, дворнягам, не впервой
охранять чужой покой.
Свой ошейник завещаю —
родине, родному краю.
Чувство почвы под ногами
обретается с годами:
Будда, Ленин, Магомет
верили в собачий бред.
Помахаю вам хвостом:
небо — тоже чей-то дом.
Я взял след, и этот след
давит тяжко на скелет.
Нюхом чую, мой черед —
метить словом небосвод.

Детство

Когда я родился, то подумал:
«Жизнь. А почему бы и нет?»
В детстве не терял надежду
выучить шум дождя: «А вдруг получится!»
В юности мне это удалось,
но тогда я уже думал:
«А что я с этого буду иметь?..»
и дождь перестал идти вообще.
Я часто болел,
и березы казались мне
забинтованными людьми.

Потом я разучился себя винить,
но до сих пор боюсь ходить по земле,
в которую закопал живьем
щенят ощенившейся суки.
Иногда я стрелял в себя,
но промахнуться было проще и приятнее.
Так я дожил до своего рождения.
Однажды, проснувшись,
я со страхом не узнал себя в зеркале.
Наверное, так люди приобщаются к смерти.
«Женщины чувственны, — думал я, —
их мир полон ощущениями,
как подсолнух семечками.
Они могут взять весну за руку.
Они могут использовать закат как румяна.
Не скрою, им это удается.
Мужчинам остается только восхищаться ими».
Мне было проще понять мир, отраженный в лужах.
Поэтому я часто носил лужи с собой.
Наверное, я когда-нибудь догадаюсь обо всем.
А сейчас с содроганием представляю,
что мог бы навсегда остаться только отражением.

Декларация независимости

От мартобря до мартобря —
живу я без календаря.
Без суеты и без хлопот
встречаю летом Новый год.
А день рожденья у меня —
во вторник, надцатого дня.
Живу свободно, без проблем,
что захочу, то пью и ем,
без сыщиков и тайных лиц,
без государственных границ,
без тюрем, хижин и дворцов,
без времени и без часов,
без армии, без телефона,
и без морального урона,
без секса, но и без рогов,
без друга, но и без врагов.
Я не плачу налогов, пенни, —
живу без флага и без денег,
без банков, золота и славы, —
любой другой людской отравы, —
без книг, журналов и газет,
живу спокойно тыщу лет,
катаюсь, словно в масле сыр —
в машинном — сыр весь сплошь из дыр.

Я не пеняю на судьбу,
видал я этот мир в гробу,
всех с нетерпеньем в гости жду, —
в забытом, никаком году…

Путь

В темноте идем. Осторожен шаг.
Справа — верный друг, слева — верный враг.
Ошибусь, споткнусь, но удержит круг:
слева — верный враг, справа — верный друг.
Там поможет смех, здесь — стальной кулак:
справа — верный друг, слева — верный враг.
Честно скажут все, правда — наш закон:
друг — в чем я был слаб, враг — в чем я силен.
Так идем втроем. Труден первых путь:
друг покажет брод, враг — куда свернуть.
Слева — сердца стук, справа — сердца стук,
слева — верный враг, справа — верный друг.
И пройти весь путь можно только так:
справа — верный друг, слева — верный враг.

* * *

Истину эту я знаю давно:
у всякого слова — двойное дно.
Там, где оступишься между строк —
тебе не поможет ни черт и ни Бог.
Первое дно — то, что видно для всех.
Мутное зеркало, рыбий мех.
А вот нащупать второе дно
только безумцам вещим дано.
Тонкая стенка, а дальше — огонь:
воском растаешь — только затронь.
Плавится смысл — обретается суть,
в буквах течет не то кровь, не то ртуть.
Если удастся выплыть живым —
бросишь стихи, станешь глухонемым,
ибо великая тишина —
главная тайна второго дна.

С корабля на корабль.
Новые времена

1
Я последним схожу с корабля.
Тонет, тонет корабль любви!
Далеко от меня земля.
И друзья — зови, не зови…

2
Ни одной на небе звезды.
Ни одной — вовеки веков. …
Наглотавшись мертвой воды
я попал на Корабль дураков.

3
Дураки хором песни поют,
из пустого в порожнее льют,
ненадежную правду куют,
и друг другу за шиш продают.

4
Не утопленник, жив, не убит,
я тоскую под рыхлой Луной:
там Летучий Голландец летит
над морской ядовитой волной!

5
В глубине — смертный бред красоты
— затонувший «Титаник» живет:
и с Синдбадом, и с Нэмо на «ты»,
Атлантиду он замуж берет.

6
На дурацком корыте галдят:
«Кто здесь самый большой Человек?»
…Мимо, курсом «Всегда-Наугад»
проплывает Ноев Ковчег.

7
…Есть два выхода. Первый — топить
дураков с кораблем и с собой.
А второй — по течению плыть…
И готовиться к встрече с судьбой!

Деревья

…ты тихонечко вышел,
как все, как всегда в ту же общую дверь.

Ричард Уилбер. Памяти У. Х. Одена

Люди должны умирать так, как умирают деревья.
В их ранах, как в дуплах, пусть селятся веселые птицы.
Они должны умирать так, чтобы обязательно верить,
что жизнь — это пьеса, и публика устает, если она долго длится.
Люди должны умирать так, как умирают деревья.
Не стоя, как думают, а в вечном полете в небо;
умирать так, как незаметно для себя умирают птицы и звери, —
ведь умирать необходимо, как бы это не звучало нелепо…
Люди должны умирать так, как умирают деревья.
Потому что в деревьях больше божественного, чем в человеке.
Деревья умирая, например, становятся Домом, а в Доме обязательно есть Двери,
в которые уходим мы, как до нас ушли майя, скифы и прочие
древние греки.

Небоевые потери

Письмо
получил от подруги желанное.
Ждал его месяцев шесть
или больше.
Конверт вкривь и вкось разорвал —
и увидел:
«Прости и пойми…
В общем, замуж я…»
Он из детдома.
Нет никого у него, кроме армии,
бдительных органов госбезопасности,
налоговых служб,
да вот этой вот девушки,
смеющейся всем на цветной фотографии.
Взял свой АКа.
Пошел в сопки.
Стал памятью.
Глупая смерть, говорили вполголоса,
баба сломала,
а крепким был, правильным.
Мы разбрелись по казарме в молчании,
каждый свою думку думал, заветную…

* * *

Я все забыл — и вспомнил жизнь другую.
Свою? Навряд ли… Кажется, чужую,
но мне известную в подробностях. Я жил
у моря, я имел лишь пару крыл
некрепких, но богат был баснословно:
мой ветер, мое небо, мои волны!..
Я был один, но знал, что всюду Бог.
И с этой верой был не одинок.
Я все забыл и книжек не читал,
но был закат с восходом также ал,
все было в мире, как и быть должно:
я видел небо, а оттуда — дно,
я был свободен к перемене мест,
я видел Будду, Полумесяц, Крест, —
но я спешил попасть скорей домой,
где ветер, звезды, крылья над волной!
…Кто мне ответит, для чего я здесь?
Кто дал мне право на чужую песнь?
О Господи, позволь не быть ни чем,
а просто жить… Я глух, я слеп, я нем…

* * *

От меня до небес — расстояние в целого Бога.
Я не верю в Тебя. Не суди меня, Господи, строго.
Я продукт наших дней, прагматичной, циничной эпохи.
Ты нес хлеб для людей. А достались им малые крохи.
В Воскресенье Твое и в ненужное наше бессмертье
я не верил тогда, а сейчас — и подавно не верю.
Я не верю в Твой Рай и в Твой Ад, Боже, тоже не верю.
Закрывая окно, Ты захлопнул нечаянно двери.
Я живу на земле, и зачем мне Твое Неземное?
Если к людям — лицом, то получится к Нубу спиною…
Но когда я умру и в Твоей буду власти и силе,
Ты прости меня так, как Тебя на земле не простили…

* * *

Мой дух проходит через ночь.
Кому принадлежал
он раньше? Я и сам не прочь
узнать, кому шептал
стишки, призывы к мятежу,
кого завел в тупик?

Я тайной духа дорожу,
как тесаком мясник.
Мой дух блуждает в темноте,
но этот путь его
и есть движенье к чистоте,
и жизни торжество.

* * *

Жизнь есть жизнь. А может нет?
Может, это чей-то бред?
Может, это просто ложь,
как подкованная вошь?
Смерть есть смерть. А может нет?
Может просто яркий свет
загорается в полнеба
для Бориса и для Глеба,
для Андрея и для Павла,
чтоб мы помнили о главном?
Жизнь есть сон. А может нет?
Может жизнь есть пистолет,
точно бьет, не пощадя
ни раба и ни вождя?
Быть не быть? Не те слова,
ясно — жизнь всегда права,
горизонт — не перегнать.
Но —
бежать,
бежать,
бежать…

* * *

Опоздал на одно только слово,
но, боюсь, навсегда опоздал,
и стихи мои, утром, восьмого,
проводил в путь безвестный журнал.
Это слово не терпит замены,
это слово звучит, как оркестр,
чтоб его записать — режут вены,
точкой ставят — из дерева крест.
Опоздал я — и мучаюсь мукой,
что-то важное рядом прошло,
не сложились в мелодию звуки,
и не выручило ремесло…

Полнолуние

Не рекомендуется гулять в полнолуние одним по ночному городку.
Особенно, когда поднимается восточный ветер.

Из свода правил «Самосохранение», Париж, 1368 год

Улыбчивый мальчик, в темном, шумном кафе,
принес мне записку, испачканную французской помадой:
«Не изменился. Такой же. Я очень рада.
Помнишь наши игры? «Погони по Паучьей Траве?
Шесть лет как я замужем. Ладно, прощай. К. В.»
Я пробежал глазами сидящих в зале,
я побледнел и уронил ложечку (нервы! старый паук!),
я описал глазами этот почетный, квадратный круг,
но нужного не заметил. Пили, заказывали еще, играли
в карты. Я рассказал анекдот. Взял сигарету. Руки дрожали.
В кафе молодежь. Большинство ходит с поднятым забралом.
Я чувствую себя спокойно только в этом зоосаде.
Девушки красивы и потому не пользуются помадой.
(Она тоже не пользовалась. А теперь, значит, стала.
Что ж, погоня по Паучьей Траве приносит усталость.)
Я вышел покурить. Тушью по листу размазал пальцами вечер. Процокали
каблучки, уверяя в наивности и красоте.
За ними увязался было гном, но упал запутавшись в… бороде.
Я не вернулся. В пьяной компании вряд ли уход был замечен. Поднял гнома и
пошел за каблучками.
Нервная дрожь.
Полнолуние.
Ветер…

Черный армейский юмор

Пуля бросилась на шею,
зарыдала, как шальная:
я жена твоя родная,
хочешь, я тебя согрею?!
Полюбить хотела пуля, —
так ведь и убила, дура…

* * *

Мне сегодня нужно к реке,
чтобы видеть бегущую воду:
плещут волны, строка к строке,
пишет речка бессмертную оду.

Обо всем будет сказано в ней,
все река отразит в своих строчках,
на наречии древних теней,
оживающих звездною ночью.
Я гляжу на течение вод,
на несуетность вечной природы,
как спокойно она живет,
и как бешено мчатся годы…

Вольный стрелок

Свободный художник Горелко любит гулять по улицам.
Он переходит толпу где мелко
и под тяжестью крыльев почти не сутулится.
Семен Горелко работает ангелом, и живет как Бог на душу положит.
Когда умер Данко, он работал факелом,
но потом отказался: «У меня есть бессмертная должность».
Снежного человека Горелко никто никогда не видел.
Хотя в существовании его не сомневаются.
Говорят его съел Бог, когда какой-то свин выдал.
Но это ложь. Он ни за что со смертью браком не сочетается.
Цельный мужик Горелко дружит только со своей головой.
К тому же, у него до сих пор не перерезана пуповина.
Его пуповина — прямая связь со страной, и больше нет ненужных и лишних линий.
Журналист Горелко появляется дома поздно, ужинает и успевает написать
несколько строчек.
А в полночь к нему сквозь стену приходят Пушкин и Иван Грозный, и заботливо
поправив одеяло, желают спокойной ночи.

* * *

Мир начал с нуля, а закончил тобой.
Бог начал с тебя, а закончил войной.
Царство небесное вечной любви
замешано круто на нашей крови.

Вот!

Вот и прошло сто лет со дня смерти Бога.
Ну и что изменилось? Если говорить строго
ничего. Муравьи живут мудрее.
Повесив последних кумиров на рее
плывем без руля и ветрил, без царя в голове.

Полстраны говорит на блатной мове,
остальные молчат, будто взяли в рот,
все правы, как Ленин, дальновидны, как крот.
Вот и не повторился золотой век русской литературы,
о чем так много говорили в перестройку.
Так и сидим теперь, как старые девы, поэтические дуры,
никто и не взглянет, не то что, потащит в койку.
Вот и я провонял всеми цветами радуги,
а все потому, что слишком верил в сказки,
типа праведных героев из городской ратуши,
не нуждающихся в штукатурке, побелке, покраске.
Вот и чувствую себя, как труп семи повешенных.
Погубил нас, блин, индивидуализм вместо соборности крепкой!
Кто я? Потомок бунтарей на терроре помешанных,
читаю притчу, где дед да баба, внучка да жучка, и восхищаюсь
героической репкой!

* * *

Вот тебе тема: он любит ее,
а женщина любит кого-то другого.
Банально? Но это твое и мое,
вечно оно, потому и неново.
Вот вам сюжет: приезжает жених,
а суженой нет, ее выкрал соперник.
Сделать легенду из этих троих —
это и будет искусство, наверно.

* * *

все чаще душа покидает тело
все чище душа покидая тело
все дольше душа покидает тело
все дальше душа покидая тело

Вторая мировая
по опустевшему городу
в двух грузовиках
везут лошадей
все как у людей:
то ли на бойню
то ли в поле
на волю

Silentium

Утро строгий анатом, туманом глазницы подъездов
и суставы проулков пакует, как ватой. Потом
залепляет прохожим глаза фантастическим тестом,
не забыв притвориться на ощупь пушистым котом.
Небо низко просело, скрипит половицею, словно
кто-то очень тяжелый уселся с другой стороны.
Облака будто камни летят кувырком с небосклона,
налетая на солнце, цвета опухшей десны.
День упал развалившись на сотни осколков по лужам,
по глазам, отраженьям, по шляпам, бутылкам пустым,
сквозь окно лег лучом на нетронутый умершим ужин,
на — теперь уже так — незаконченной книги листы.
Он скончался когда целовалась в подъезде соседка,
шебутная девчонка, с женихом своим двадцать вторым.
Что ж, ему повезло, смерть попала без промаха, метко,
он быстрее ушел, чем от спички развеялся дым.
Приходили друзья, постучав — пожимали плечами,
сам просил же зайти: «Что-то важное должен сказать».
В незакрытых глазах жизнь мелькала своими цветами,
и спокойно с портрета смотрела с улыбкою мать.

Зима

Гибель цивилизации осенних листьев.
У детворы сегодня
праздник первого снега.
К вечеру
новая нация —
снеговики и снежные бабы —
заселяют пустеющий город.

plusDA PUBLISHRERS - ПЛАНЫ ИЗДАТЕЛЬСТВА   >>>   www.plusDA.com

В планах издательства +Да Паблишерс — выпуск поэтических сборников
в серии **+DA ТОП ПОЭЗИЯ**.
Подробнее с содержанием и датами выпуска отдельных сборников можно
ознакомиться на сайте издательства — **www.plusDA.com**

Ниже — обложка сборника:
ОНО (Алик Верный)

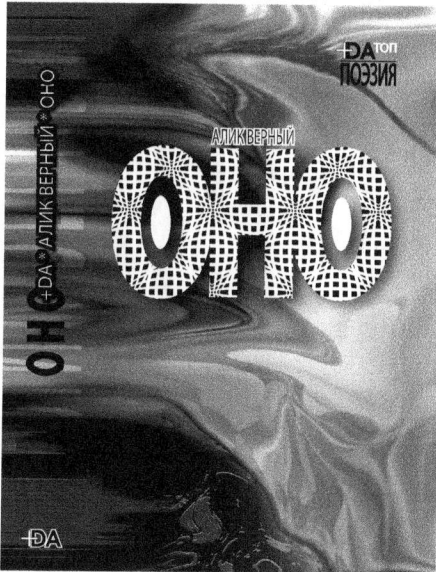

ОНО
Алик Верный

Эта книга вначале была издана автором на печатной машинке, под копирку, в 4-х экземплярах. Ее читали друзья, многие стихи стали песнями киевской группы «Квартира 50». Постепенно копии поистрепались, и последняя из них затерялась в архивах поэта. Я нашла парочку из этих стихов на интернете и была заколдована ритмикой и дыханием рифм.

«Немножко для ожирения мозгов», «Средство от», «Теперь о теле» — зацепило название? Значит читатель на верном пути к пониманию автора. С первых строк задаётся равномерный, безупречный ритм, снимающий напряжение. Воображение рисует живые эмоциональные образы, временами абстрактные («Бумага № 1»), а порой близкие и понятные каждому («Лес», «Птички»). Звучит светло, выпукло... с горько-сладким привкусом. Одна из черт — глубокая искренность и непредсказуемые стилистические приёмы. Тонкая ирония и особый авторский взгляд на суть вещей. Удивительное сочетание глубокого философского самоанализа с детской непосредственностью. Алик Верный успешно раскрывается, как многогранная поэтическая личность: суровая и хрупкая одновременно, что заставляет неоднократно возвращаться и перечитывать его произведения.

Марианна Голодова

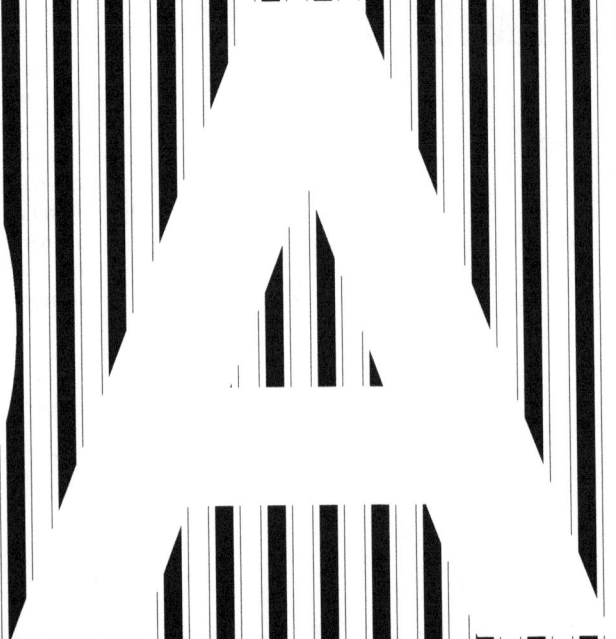

+DAтоп

Марина

Марина Саввиных (Красноярск)

Марина Саввиных родилась в 1956 году, закончила Красноярский пединститут, работала учителем в Красноярске, во Владивостоке. В настоящее время — директор первого в России Литературного лицея, главный редактор журнала «День и ночь» (Красноярск). Лауреат премии фонда имени В. П. Астафьева по итогам 1994 года. Автор книг стихов и прозы: «Фамильное серебро», «Глиняный пятигранник», «MAIL.RU», «Собеседники». Живет в Красноярске.

Марина

Дар или крест?

* * *

Под ледяною твердою корой
Твоя душа, птенец оцепенелый,
Не хочет признавать меня сестрой,
Что с нею, наболевшею, ни делай:
Не хочет брать из рук моих еды,
Ни песен, ни молчания, ни слова…
О! Даже под угрозою беды
Ей, видимо, не надобно чужого…

* * *

Ах, как травы нежны и колки!
Волны благостных дымных трав…
Стану благостней богомолки,
В их жемчужную мглу упав.

Искушение, пытка, проба?
Эта блещущая пыльца —
Чтобы я не ослабла, чтобы
Никому не дала кольца?..

Ветр и пламя

Я пробила толщу мертвых недр,
Разбросав прощальные гвоздики!..
Обними же, торопливый ветр,
Плечи обретенной Эвридики!

Задевая ветки тополей,
Воспарю над сонною травою —
Вей, мой ветер, властвуй и владей
Жаркою моею головою!

О! Совьемся в золотой золе,
В небеса бросая свет неровный
И развеяв пепел наш любовный
По насторожившейся земле!

* * *

Как в старенькой изящной оперетте,
Куда-то нас уносит экипаж,
И в сумеречном зыбком полусвете
Я близко-близко вижу профиль Ваш.

Все тонкости запутанной интриги,
Уловки изощренных подлецов
Остались там, за переплетом книги,
Где нас судьба свела в конце концов…

И снова жизнь — как чистая страница,
Недолог путь, и плеч не тянет кладь…
Как жалко, что нам не в чем объясниться
И нечего друг другу пожелать!

* * *

Как некогда случилось Маргарите,
Я титул Вам нешуточный дала!
Не надо горевать — не говорите,
Что благо лишь иная форма зла.

Возьмите чашку — я напротив сяду…
Вот пиршество для быстрого ума!
Не бойтесь, Мастер, я лишь дам Вам яду,
Которого отведала сама…

* * *

В чистом поле брошусь на траву
И врагов на праздник позову…
А. Чмыхало

Становится безжалостно строга
Правдивая основа целой жизни —
И вот у человека нет врага,
А есть седой сотрапезник на тризне.

Как ни растленна слава у людей,
Блажен, кто превозмог ее объятья,
Тогда у человека нет судей,
А есть лишь соучастники и братья.

Так время сопрягает имена
Всего, что есть, — судьбою, слово в слово:
«Во всем твоя заслуга и вина,
И нет на свете ничего иного!».

* * *

Дар или крест — все в прелесть превращать,
Чтоб судорогой боли — насладиться,
Смерть на миру — трагедией назвать,
И этой красоты не устыдиться?!

Когда орел, плоть жаркую когтя,
Выклевывает внутренности бога, —
Театр, неискушенный, как дитя,
Всецело поглощен игрою слога!

А эта сладострастная тоска,
С которой не находишь ты изъяна
В великолепной точности мазка
На чреслах у святого Себастьяна!

Художник знал, что допустил обман,
Но как сдержать восторг миротворенья?
И грациозно гибнет Себастьян,
Ничем не оскорбляя наше зренье…

…так вот чему, припав к живым следам
Своим чутьем нечеловечьей меры,
В заговоренных нишах Нотр-Дам
Брезгливо усмехаются химеры!

* * *

Из этой боли суть ее извлечь —
И превратить в единственное слово,
Да так, чтоб после не утратить речь,
Платя с лихвой за золото улова…

Немыслимое это мастерство
Исполнено такой смертельной муки,
Что впору отказаться от него
И навсегда окаменеть в разлуке!

Так что ж тогда и временный успех,
И гонка за земной непрочной славой,
Когда слова, что сокровенней всех,
На сердце оставляют след кровавый?!

* * *

Мой украденный Ренессанс,
Я целую твои морщины…
Вечно длиться ночной сеанс
Грустной маленькой Форнарины,
Вечно точится лунный свет,
Свет шафрановый и лимонный,
И вовеки спасенья нет
Для рассеянной Дездемоны,
Ибо нет ни Добра, ни Зла —
Только Бог, Красота и Сила,
Проницающие тела
Платонические светила
И мерцающий в небе путь
На Голгофу из Мирандолы…
Не дано вам с него свернуть,
Мастера флорентийской школы!

* * *

Злой гений, трогающий стекла,
Лишь сотрясает их, когда
Над головой, как меч Дамокла,
Висит холодная звезда.

Мы с ним сегодня счеты сводим,
Оставшись до утра вдвоем:
Всю ночь мы, как под Богом, ходим
Под этим светлым острием,

И все не может примоститься
На наш заманчивый карниз
Большая траурная птица:
Зацепится — и камнем вниз!

+DA ТОП * 7-9 2010 * plusDA Publishers * Нью-Йорк * www.plusDA.com

* * *

Против воли твоей,
Не желающей стать благосклонной,
Против мненья друзей
И судьбы своей бесцеремонной,
Против темных стихов,
Недомолвок, речей осторожных,
Против старых грехов,
Горьких, вынужденных, невозможных,
Улыбаюсь тебе,
Твоему недоступному дому…
Я уже не могу
Никогда не смогу по-другому…

* * *

Что угодно можно сочинить!
Слову правды кто отыщет меру?
Держит света тоненькая нить
Сердце, обреченное на веру…
Что же, дорогой мой человек,
Делать мне с его внезапной дрожью?
Неужели оборвешь мой век
Маленькой, ненужной страшной ложью?!

* * *

Из неожиданного дня,
Непредсказуемого утра,
Ты смотришь, смотришь на меня
Наивно, жалобно и мудро —
Оттуда, где еще тогда
Слепая парка нитку пряла,
Сквозь слезы, стекла, провода
Блестела мокрая звезда,
И где твой след я потеряла…
Кто ей велел такое спрясть?
И в чем судьба была виновна?
Не в том ли, что сгорала страсть
Безвыходно, но так любовно?..

* * *

Говорили мне: я хороша,
И смущали меня похвалою…
Только разве умеет душа
Утешать себя славой былою?
Посмотри — не февраль ли метет,
И не снег ли скрипит за стеною?
Посмотри, как мне нынче идет
Эта первая прядь с сединою…

* * *

Свете небесный, что рано потух ты?!
Жалко мне, мало мне солнечных дней —
С Тихой, туманной, таинственной бухты
Ночь наплывает без звезд и огней —

Мне ли глядеть на пустые ворота,
Мне ли минуты тоскливо считать,
Мне ли в часы запредельной дремоты
Ветхие нитки в отчаянье рвать?..

Нету мне отзыва, нет мне ответа —
Только по сопкам летит во весь дух
Круглое красное облако— Это
Свет мой небесный, что рано потух.

* * *

— Пускай меня простит Винсент ван Гог
За то, что я помочь ему не смог.
Арсений Тарковский

Пусть мне простит бедняга Гельдерин,
Что до сих пор поэты одиноки,
Что тянется их сиротливый клин,
В земные не укладываясь сроки.

Невольно поддаваясь на обман,
Который повсеместно одинаков,
Сливает гениальный графоман
Поток души с потоком вод и злаков;

Он входит в одиночество, как в храм,
Где трепет свеч и ангельское пенье,
И приобщает Бог к Своим дарам
Его золотоносное терпенье —

С. Ю. Курганову

* * *

Мой современник Данте Алигьери
Сквозь щель пифагорейского числа
Увидел смысл в сомнение и вере,
Узрел Добро в самораспятьях Зла.

С учтивостью протягивая руку
Незнаемому другу и врагу,
Он родствен лире — или родствен луку —
Стрела и песня пробуют дугу

Между его спокойными зрачками,
Где зыблются Голгофа и альков —
Асфальта не касаясь башмаками,
Как темный вихорь между облаков,

Он движется- подобное в подобном —
Себя мы вспоминаем лишь в аду,
В неугасимом пламени, способном
К великому гончарному труду!

Existencia

Есть у телеги — колея.
Есть у ковра — основа.
А у меня есть только я
И мыслимое слово.
Я наполняю сей сосуд
Своим существованьем,
И несравним мой странный труд
Ни с ковкой, ни с ваяньем.
Я не поставлю рядом с ним
Резца благое дело:
Так только духа горький дым
В живое входит тело —
Лети, явление ума,
Во мрак строки соседней!
Свобода там или тюрьма —
Узнаю я последней.

E. Байкаловой

* * *

Обожженная лампа качнулась — и вскось
Улетело твое покрывало —
Не тревожься. Мир тверд, как слоновая кость.
Вот утро. Конец карнавала.

Мы прощаемся — мальчики хором поют.
Ночь — фиалковой клумбой — увяла.
Нам уже неуместно и холодно тут.
Утро мертвых. Конец карнавала.

На крючок — белоснежною маску греха.
Под кровать — каблучки и рубины.
Над руинами площади — крик петуха
И разорванный плащ Коломбины.

Андрею

* * *

Вот тебе мои сто сорок свечек
И моя дорога из песка —
Не сдавайся, братец мой кузнечик,
Жестяному посвисту листка!

Хочешь ли хорошего летанья?
Так летают, пальчик уколов —
Кто же унимает жар скитанья
Дымом кем — то выдуманных слов?

Если бы прорваться не хотела,
Как артезианская вода,
Изнутри стрекочущего тела
Обоюдоострая слюда, —

Можно быть хитиновым калифом
Царствовать над маревом — в глуши,
Мифами объятой, словно тифом —
Только для очнувшийся души.

Панцирь — ненадежная облатка.
Полдень щелкнет как змеиный зуб,
Промелькнет оранжевая складка
Чьих-то улыбающихся губ.

И в тумане, на краю востока,
Встанет тень незримой Каабы,
Что влечет любовно и жестоко
Всякого, взыскавшего судьбы.

* * *

Лотос — лотос — лагуна — берлога —
Пепел — водоросль — плачу? жива?
Надо мной никого, кроме Бога.
Подо мною — вода и трава.

Что вы стелетесь, умные змеи?
Кто тянулся — давно перерос —
Боже мой! я ответить не смею
На еще не возникший вопрос!..

Ты спроси меня! — или на это
Недостаточно родственных прав?
Или Богу довольно ответа
Предлежащих потоков и трав?!.

P. S.

Когда бы мы не умерли тогда,
Не стали только словом, только знаком,
Полуразмытым контуром следа,
Клочком святыни, брошенной собакам,
То, кто б из нас узнал себя — в другом,
В сосуде без орнамента и глянца
И в площадной латыни итальянца,
Край света обошедшего кругом?..

2.
Шум вслед крылу — я следом за тобой.
Свет бытия — вслед ядерному взрыву.
Войска, армагеддонскому призыву
Подвигнутые утренней трубой,
Я — за тобой, пересекаю путь
И продолжаю, ибо знаю цену:
Что будет стоить — в лоб — не отвернуть
И умереть, не покидая сцену.

* * *

Кто ощутил восторг именованья —
Испепелясь в пылу соревнованья,
Но все-таки восстав среди руин, —
Тот Богу уподобился один!
Ни возгласа, ни шороха — ни звука…
Лишь ты да тьма… да вещей крови звон:
Себя перемогающая мука
Из ничего явившихся имен…

* * *

Что поешь мне, скворец, — упокой или здравие?
Колокольцев своих для меня не жалей!
Кто поставил багряное Слово в заглавие
Вовсе было законченной книги моей?
— Тот, кто помнит конечное все и начальное:
Тьму начал без концов и концов без начал…
Это Слово багряное, Слово печальное —
Твой восход и закат, твой полет и причал…

* * *

Вон какая трава на буграх,
Где мое прасознание дремлет!..
Первобытный младенческий страх
Первозданное тело объемлет,
Первомыслью сжимает виски,
Первовзглядом касается света,
И душа ускользает в пески
По зеленым сосудикам лета…
Ты меня, повилика, не тронь!
Пусть в степном заколдованном мраке
Черный пес мою лижет ладонь
И луной наполняются маки:
Я пришла! пред звездой становлюсь
Близ огня своего и ночлега,
Но еще никому не молюсь
В ожидании ливня и снега,
И еще ничего не прошу:
Ни любви, ни удачного лова,
Потому что неровно дышу
В предвкушении первого слова…
То ли это заманчивый плод
В небесах над моей головою?
То ли тихо из плоти растет
Бархатистою веткой живою?

Б. Х.

El Condor Pasa

В этом доме так пахнет бездомной луной!
Приходите когда-нибудь вместе со мной.
Я поставлю три черных огня на столе
В трехрожковом богемском стекле.

И на собственный страх, на отчаянный риск,
Дам послушной машине излюбленный диск:
Это кондор… пространства разбитого звон…
Остановленный выстрел… заснеженный склон…

Божья мета над безднами вечного льда…
Перуанская флейта… живая вода…
Три последних, три черных огня на столе
В благородном богемском стекле…

Кроме нашей печали — снега и снега,
Даже если под снегом — лишь вечные льды…
Птичьим криком друг другу кричат берега
Торжествующей горной воды.

* * *

О, если б те, с живыми гривами…
И недалекий путь домой!..
Но мы не смеем быть счастливыми,
Пока под нами круг восьмой.

Уже придуман воздух тления,
Уже восславлен и возник:
И мы о нашем искуплении
Прочтем в одной из детских книг,

Где вместе с жалобой вчерашнею
На кашель, градусник и йод,
Дитя, любимое, бесстрашное,
Свой приговор произнесет…

* * *

Я знаю: ты уже послал ко мне центурионов.
Все между нами — так, как есть. И мне не выбирать.
Утешься, цезарь. Есть один среди твоих законов,
Который чту. И нынче в ночь я буду умирать.

Стилет, цикута и петля равно счастливцу любы.
Ты хочешь знать, какая власть превозмогает страх?!
Как порох, вьется кровь моя сквозь сомкнутые губы.
Как кровь, струится по пятам твоим мой верный прах.

* * *

Твоя мечта — стать деревом. Оно,
Такое вертикальное, сквозное,
В надежном грунте укоренено
И спасено от холода и зноя.

Волшебное желанье улететь —
Его подземной правды испытанье.
Зефирами колеблемая клеть —
Не тяжкий плен, а тело улетанья,

Как время, постоянного… Твоя
Мечта — и улетать, и оставаться,
И гнать, и звать… стоять — и рассыпаться…
Быть — и не быть. Любить — и нет.
А я…

* * *

«Что рука твоя в темной перчатке?
Ты явилась меня утешать,
Разбросать по паркету тетрадки,
На ладошки мои подышать?

Я готова, готова, готова
Быть твоею до судного дня.
Назови только вещее слово,
Только ризу надень на меня,

Только дай мне бессмертные розы,
Только посох суровый доверь,
Подари вдохновенные слезы,
Укажи заповедную дверь!»

Но она ничего не сказала,
Лишь рукой по лицу провела —
И взглянули два черных провала
На меня с костяного чела.

Б. Х.

Поздняя весна

1.

Такие холода на нас — за то,
Что за полночь — часы, и на ночь — горы…
Пусть эта полночь — на гвозде пальто,
А этот кряж — задернутые шторы.

Не уходи! Мы станем вместе вниз
Глядеть и — даже! — понимать друг друга…
Пусть эта высь — обшарпанный карниз.
А эта близость — следствие недуга.

Стриптиз самонадеянных калек,
Весь яд тысячелетья — в виде снега…
Пальто с гвоздя снимает человек
И молча покидает человека.

25 марта 1999 г.

2.

Меж нами — хаос или космос?
Растущее, как снежный ком…
Какая, друг мой, блажь и косность —
Искать пристанища в другом!

Душа нетленная, комочек,
Меж нами дышащий… прости!
Соблазн рифмующихся строчек
Ты смог бы сам перенести?

Перевести сей вздох безмерный
На существующий язык?
Меня б согрел и спички серной
Чуть видимый дрожащий лик…

Но завтра — огненные горы
Сойдутся в круг у белых вод,
И что-то, легкое, как взоры,
От нас еще произойдет…

Голос в руинах Орхомена

1.

Если б слышал зов сестер небесных,
Если б знал ты истины язык,
Но — увы! — в словах, пустых и пресных.
Ты себя рассказывать привык.

Честь царя — плененные уделы.
Ложе подневольное — талант.
Что тебе до маленькой Нефелы?
Не гляди на небо, Афамант!

2.

Быть может, он и глух лишь потому, что нем.
И нем — лишь потому, что нету слова
Для несказанного… Но как ему повем
Дорогу, страх и смутный стыд былого?

Его душа несносно тяжела.
Так тяжелы чугунные заборы
И люстры из богемского стекла…
Чтоб дрогнули заржавевшие створы,

Какую надо вычислить звезду,
Какое вызвать потрясенье духа,
Чтоб трещина, скользнувшая во льду,
Достигла места зрения и слуха?!

* * *

Короткий полдень, солнцем залитой,
Я отдала за сумрачные свечи —
И теплится мой вечер золотой
В случайном очаге случайной встречи.

О! как тебе, попутчик, повезло:
Мой бархат — серебрист, шелка — волнисты,
На камне, излучающем тепло,
Блестят ветхозаветные монисты…

Прижмись щекою — и забудь! Забудь,
Как осыпались звездные останки…
Сомкнется свет — и ты продолжишь путь,
А я сойду на ближнем полустанке…

* * *

Из одиночества, которое
Ты завещал мне, как порфиру,
Тянусь — пресветлое пророчество
Тобой отвергнутому миру…

Из мудрости твоей рассеянной,
Печальной, нежной и лукавой —
Тянусь былинкою несеянной,
Успокоеньем и отравой…

Из горькой склянки зелья верного,
Которым лечишься от знанья,
Тянусь исчадьем суеверного
Больного мозга — в наказанье

И во спасение… под черные
Неотвратимые колеса
Легли персты мои покорные
И разметавшиеся косы…

Смотри в глаза мои пристрастные,
В лицо, от времени слепое, —
Как это зеркало напрасное
Переполняется тобою…

* * *

Это все, что от него осталось, —
Надпись на обложке… восемь строк…
А, казалось, Господи, казалось,
За чертою жизни грянет срок

Отлученья сердца от неволи,
Вытянувшей тело до костей…
Чей-то почерк… чьи-то сны и боли…
Чья-то страсть в кругу земных страстей…

Словно я не губ его касалась,
А раскрыла книгу на столе…
Вот и все, что от него осталось,
На земле…

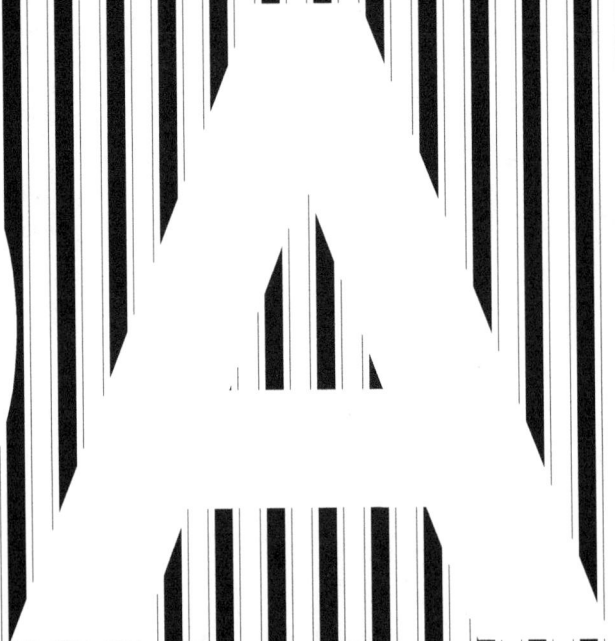

+DAтоп

Леонид

Леонид Скляднев (Израиль)

Леонид Скляднев. Родился в 1954 г. в г. Бузулуке Оренбургской обл. В 1958 семья переехала в Куйбышев (ныне — Самара), где и прошли детство и ранняя юность. В 1978-м окончил МГУ им. Ломоносова и вернулся в Самару. Несколько лет работал на севере Западной Сибири вахтовым методом. С 1991 г. Живет в Израиле, в Беэр-Шеве, работает бухгалтером. Публикации — в интернете (Библиотека Кобринского, сайт Сергея Саканского и др.) и в русскоязычных израильских газетах («Новости», «Мост»). В 2003 в издательстве «ЭРА» Эвелины Ракитской вышла книга прозы «Цыгане». Член Союза русскоязычных писателей Израиля.

Леонид СКЛЯДНЕВ

Наперекор, наперерез

Ноябрь

Как хаос арматуры — рощи.
Игра прорех — простор окну.
Вновь ноября неровный росчерк
Жизнь желтизны перечеркнул.

И поздно вздрогнуть, оглядеться
И, приложив ладонь ко лбу,
Вздохнуть. Уже не отвертеться —
Уже бросаюсь наобум

Навстречу — явно! — пораженью
Под тягостный оплыв небес
Других спокойному движенью
Наперекор, наперерез.

Туда, где ветра дикий запах,
Где мертв часов усталых бой,
Где ночь кончается внезапно,
А начинается — тобой.

* * *

Никто не знал. И я не знал.
Сама судьба того не знала.
Мой город столько лет не спал
И ждал меня в дверях вокзала.

И прямо с поезда пристал
Ко мне и встречей рад упиться.
Но эта радость не проста —
Так рад сообщнику убийца.

Я говорю ему: «Оставь
Пока — ведь я теперь надолго.
Мы вместе встретим ледостав
Над изуродованной Волгой.

Мы сговоримся, но потом.
Потом. Когда-нибудь, но скоро
Ты ввалишься в мой желтый дом,
Что прошлым надвое расколот.

Тебе откроется секрет
О том, как неспокойно в мире,
Как кошкой белой бродит бред
По жуткой, без нее, квартире,

И как в суровейшей из схим
Не говорят, не ждут, не плачут,
И как слагаются стихи,
Не пачкая себя удачей.»

* * *

Не лгите мне — свирели вьюг
Не отзвучали.
И каждый вечер я даю
Балы печали.

Там нота тешит боль виска
И плачет всуе.
Там танец госпожа Тоска
Со мной танцует.

Глядит в глаза, ведет к окну,
Манит в объятья.
Игриво просит расстегнуть
Крючок на платье.

Так полон сна ресниц узор
И влажно томен.
И одиночества разор
Пирует в доме.

Раплывчатый рисунок вьюг —
В оконной черни.
Балы печали я даю
Ежевечерне.

Время

Чем больше лет, тем гуще глубина
Ночей, тем дней толпа теснее
В прихожей памяти, тем темный ток вина
Ретроспективу делает яснее.

Все больше лет. Толпа теснее дней
В прихожей памяти. И никуда не деться.
Все больше лет. Все слаще и больней
В свои стихи, как в зеркало, глядеться.

Ностальгия, или апокалипсис

О грусть моя, о чем ты и о ком?
О той, с которой был едва знаком?
О том, что снова мы под каблуком
Воспоминаний о России снежной?
Вотще их сердце держит под замком —
Оно не строгий страж и не прилежный,
Хотя и ночью не смыкает глаз,
От слез невидящих. И посещают нас
Сны детства нежного и школьный бред о том,
Как в Смольном заварили суп с котом,
Как худозадая красавица-мартышка,
Осел, козел и косолапый мишка
По киру забазланили квартет.
Лабают звери, а музЫки нет.

Вот так и в жизни нашей нет музЫки.
И всех времен базар косноязыкий,
В европожопый свал объединясь,
Новородившийся из грязи князь,
Махнет, не различая слов и лиц,
Серпом под корни мягкие яиц
И закрепит победу кирпичом.

О грусть моя, ты, милая, о чем?

Отъезд

1.

И вот опять срываюсь я на крик:
«Живут же люди — с них и взятки гладки!»
А мне — в эпилептическом припадке
Весь искорежен расставанья миг.
И кажется, Сам Бог не все постиг
Еще в творимом им миропорядке.

Все душераздирающее — речи.
У милых лиц — гримасы боли резче.
Безумнее и горше — взмахи рук.
Орет «Разлуку» хрипло черный кречет,
И ложным обещаньем скорой встречи
Я целование — иудино?! — дарю.

Ну вот и всё. Застыв в дверях вокзала,
Прости мне, Русь, что сердце вдруг устало
Переживать твой черно-алый бред.
За тщетный бег от бесконечных бед
Прости и знай, что лучше мне не стало.
Какая боль уж только не пытала.
Какой вины на мне уж только нет.

1991

2.

Все пройдет. И зима заметет
Там, в России, дома и могилы.
Лишь безумного сердца полет,
Этой птицы больной перелет,
Досягнет до Отчизны немилой.

И оно там останется жить.
И оставит меня, и обманет.
И заставит опять ворошить
Память ту и как будто бы жить.
А само будет — там — сторожить
Улиц глушь да безумие мамы.

Там — пойдет колобродить-бродить
По пурге в жути уличных линий,
С безымянской шпаной разводить
Тары-бары «по фене», бродить.
И покинет меня, и покинет
На-всег-да, и пустые года
Электричкой пустой пронесутся,
И упьются собой вдрабадан,
И уснут, и уже не проснутся
Никогда, никогда, никогда.

А в России пурга заметет
И оконные рамы и раны.
И безумного сердца полет
До Отчизны родной досягнет.
И забудет далекие страны
Сердце, и без меня заживет.
Вольной птицей больной обернется,
Чей безумен прощальный полет.

И ко мне никогда не вернется.

2001, 1978

Эмигрант

Налей мне темного вина —
Я выпью, не дыша, до дна
Воспоминаний яд горчащий
За сердце, бившееся чаще,
За ту, которая одна,
Что прежним именем звала
И в губы целовала жарко…

Задумавшись, запнулась парка
И нить случайно порвала.

И, спохватившись, впопыхах
Пошла плести совсем другое,
В судьбу какого-то изгоя
Вплетая боль мою и страх.

Чужая жаркая страна…

Налей-ка мне еще вина.
Оплачу с прошлым я разлуку
И эту жизнь, что сплетена
На скорую богини руку.

25.12.1985

+DA ТОП ПОЭЗИЯ

Вечное прощание

…и сколько помнится, прощался
Б. Пастернак

Бой часов. Осенний мир прозрачен.
Поздно. Бой часов. А осень медлит
Этот год ушедший обозначить
Восковой тоски прозрачной меткой.

Золотом дерев да солнца ложью
Навевает все одно и то же —
То, чем год до тла сожжен и прожит,
Что забыть теперь уж невозможно.

Уходящая моя, моя чужая,
Дни разлук мы точно четки нижем,
Жалуясь, кляня и провожая.
Но, клянусь, никто мне не был ближе.

Никогда, в виденьях горьких множась,
Не росла так память, неизбежна.
Никогда так страстно безнадежность
Не желала светлой стать надеждой.

Не было на белизне бумажной
Строк странней — прочтешь и удивишься.
Никого я не любил так страшно —
Ты не зря меня, мой свет, боишься.

И не зря ты, поступью незрячей,
Тщишься обойти объятий петли.
Снова ты. Осенний мир прозрачен.
Поздно. Бой часов. И осень медлит.

* * *

Оставь меня, не надо, откажись —
Невыполнимо то, о чем просила:
Такая вот чудовищная жизнь,
Которую никто прожить не в силах.

Оставь меня и не смотри с укором —
Я не умею счастьем ворожить
И смерти поддаваться уговорам.
Все ложь. Есть только страшный мир, в котором
Остались мы. И — долго-долго жить.

Не говори о жалости и страхе.
Я слишком жив, и слишком боль остра,
И в памяти, и в черных крыльев взмахе
Запечатлелся вечной бездны страх.

Не говори об ангелах и Боге —
Ты их имен не знала никогда.
И благодати чистая вода
Ушла, разбившись о твои пороги.

Ты все о счастье? Хватит, откажись.
Не видишь, свет его — страданье оку.
От жалости и страха мало проку,
Когда живешь чудовищную жизнь,
Которая по силам только Богу.

В. Енокяну

Москва

Не от неторопливого бега
Исчезающих в Лете лет
Этот город сед, не от снега —
Этот город от страха сед.

От молчания сна не ожил.
Вечной вьюги визжит волчок.
Дверь закроем — щелчок, молчок.
Тянет палец к губам прохожий.

И ни голоса, и ни звука —
Будто мертвых играют роль.
Тянет палец к губам — пароль.
Тишины круговая порука.

Тяжесть штор, тяжесть век —
Ни эха. Западня — ни следов, ни мет.
Этот город сед не от снега —
Этот город от страха сед.

Осень в Нагатино

Холодами прохожих скрючило.
Понедельник. Похмельные лица.
Осень, осень, ты снова замучила
Пролетарский район столицы.

Здесь, забыв про ажур из листьев,
Ты предстала брюзжаще-грубой —
Размахнулась малярной кистью,
Вместо скрипок играешь на трубах.

Вечер твой угрюм, озабочен,
И идут одинаково тяжко
Одинаковые рабочие
В одинаковые малометражки.

Небо давит набухшими тучами,
Посерели с похмелья лица…
Осень, осень, ты снова замучила
Пролетарский район столицы.

Т. К.

* * *

А может, даст Бог, встретимся еще на этом веку.
Из письма

Другая женщина — иного солнца свет,
Иной земли, мне незнакомой, дали,
Бескрайние, иного счастья бред
Мне сладко лжет, и приступы печали
Иных морей зеленою волной
Нахлынут, не изведанные мной
Доселе, и с полоской острой стали
Приступят к горлу.

Едок и незрим, Отечества былого горький дым
Ест очи и газетною побаской
Нас мучает, побаской пустомель…

Другая женщина — за тридевять земель,
Из-за медвежьих хмурых снов Аляски
С печалью тою струи Вашей ласки
Приносит мне иных морей Гольфстрим.
Поверьте, ею я в живых храним.

И даже мнится… мнится, что любим,
Как в прошлом, проклятом, блаженно-ложном,
Как в те года безумных юных странствий,
Где было все не страшно и возможно.
Но перекрыто прошлое таможней.
И дуболомы, пьяные от чванства,
Нам не дадут ни визы, ни гражданства,
Ни yellow-, ни green-, ни credit-card.
Во времени дороги нет назад.

Уж заполночь. И головою вдоволь
Побившись в стену, призываю сон
Вотще в провале черной ночи вдовой,
Сном позабытой, и мечтою новой
О встрече с Вами диких мыслей сонм
Утерянный мне заменяет сон.

По лествице, протянутой с созвездий,
Нисходит некто с запредельной вестью.
И знаменье творит его щепоть.
И тихий шепот: «Властен в том Господь».

Сыну

Любезный сын мой, зависти настой
Не пей до дна из чаши несладимой.
Есть взлет судьбы блестящий и простой —
Но нам-то что до простоты людской,
Коль наше счастье лагерной тоской,
Тоской, как скучною тюрьмой, томимо
И тихо бредит гробовой доской?
Что нам с тобой до простоты людской,
Коль кажется, что жизнь проходит мимо?
Но все равно — досмотрим дивный сон,
Который никогда никто не видел,
Где радугой пронизан дождь косой,
Где из воображенья хромосом
(Клянусь мышом и неподкупным псом!)
Рождается религий новых идол.
И мир унылый — въедливая гнида —
Застынет, этим чудом потрясен,
И в преисподнюю от злости снидет.
Клянусь мышом и неподкупным псом!

Поет в Беэр-Шеве

Исход субботы. Темен небосвод.
Хамсин сухой горячей пылью дышит.
Компьютер нем. А он… Он хмуро пьет:
«Погода чертова! Хамсин меня убьет.
Соб-бачья жизнь — опять никто не пишет.
Ни-кто…» Тоски угрюмый беспредел.
И вдохновенья призрак улетел.

А жизнь — как жизнь: жестока и проста.
С измятого газетного листа
Священные каракули иврита
Оповещают: «Столько-то убито…»
И далее — убористым петитом —
Идут убитых этих имена.
Орут соседи, и — почти война.

Мерцают старой почты письмена
Со старого овального экрана.
«Не пишут из России, и она,
Далекая-далекая Татьяна
Не пишет.» Душно, и почти война.
Война — общенародный сдвиг по фазе.
Опять кого-то замочили в Газе.

А в будущем — египетская тьма.
А жизнь проста, жестока и напрасна.
Война… Атас! Страна сошла с ума —
Закрыли все веселые дома
И выслали украинок прекрасных.
Увы. И всех в сердцах назвав на «мэ»,
Охота сделать жизни резюмэ.

На Севере, в России, снег, поди,
И до идиотизма — перестройка.
Куда летишь, родная? Осади!
Валит в веках лихая Птица-Тройка —
Тачанка, паровоз, головомойка,
Истории Олимп, ее помойка —
А ты как зверь с дороги уходи
С привычной болью ноющей в груди.

Почти война. Соседи голосят.
Горячие, чернильны ночи крылья.
«Зачем дома веселые закрыли?
Да, нешто, делать в руку в пятьдесят!»

Просматривает, пальцами хрустя,
Ряд строк неровных. Кашляет от пыли.
И громко вслух: «Да сколько бы ни крыли,
Меня прочтут потомки и простят.
Ведь любят нас потом — когда зарыли».

* * *

Как необъявленной войны
Смертельны тайны,
Так сны несбывшейся весны,
Как смерть, случайны.

Молчание почище слов
Необъяснимо.
Ты миражом случайных снов
Проходишь мимо

Там, за пределом — как он груб! —
Границ, таможен,
Где даже легкий шелест губ
Едва возможен.

Проходишь ты — хоть пой, хоть вой.
Такая лажа!
И неусыпный наш конвой
Всегда на страже.

Проклятый прошлого конвой
Всегда на страже.
Нечеловечий ночи вой
По-волчьи страшен.

Ищи-свищи, кто виноват,
Ори, аукай.
Кто сдал нас заживо на блат?
Какая сука?

Кто нас обрек на бред вытья
Ночной неволи,
Любви, вина и забытья,
Любви и боли?

Два стихотворения Ж. Н.

1.
Помоги мне — приди, разреши непонятицу злую:
Запечатан июнь, горяча восковая печать,
То ли бьют по щекам, то ли в жаркие губы целуют,
То ли дождь моросит, то ли цедит по капле печаль.

То ли нечего есть, то ли так — неохота от барства…
Помоги разобраться, развей полусна пелену.
Так колодезна глубь тридевятого мрачного царства,
Где немного поплачут и снова идут на войну.

И не тайна мечты, а тяжелая алая одурь
Наползает и душит, мертвецки пьяна и слепа.
Пала в воды Полынь — я не пью эту горькую воду.
На кровавой страде ни за что не подъемлю серпа.

И за это за все ни к чему мне бояться огласки
Прокаженных веков и неистовых глоток огня.

На моей простыне — твои темные пряди и ласка.
Помоги. А иначе, зачем же ты любишь меня?

2.
Романс
Мой друг, мой ласковый, о, мой невероятный
Свидетель мертвой-мертвой тишины.
Неравный, неожиданный, невнятный
Союз несчастий — мы ему должны
В колени кланяться.

И нет очей чернее,
Темнее прядей, невозможней ласк.
Союз несчастий — нет, он нас не спас.
Он нас обрек. Он — взгляд назад Орфея.

Мой друг, мой ласковый. Уже Преображенье
Прошло. Уже и осень при дверях.
И теплых рук поспешное движенье —
Объятья круг — не превозможет страх Грядущей непогоды.

Друг мой нежный.
Свидетель, не готовый ни к чему.
Язык разлуки, влажный и прилежный,
Неспешно слижет след вокзальных мук,
Беспомощную ярость поцелуя —
Все слижет и над всем восторжествует,
Смеясь над нами, злой язык разлук.

Мой друг, мой ласковый. Не зря же пронизала
Вода слои небес и подсказала,
Что все всегда проходит. И теперь
Пустырь ночного мокрого вокзала
Уныло пьян густым вином потерь.

И тянется и пьет вино строка.

Не открывай тому, кто после встретит,
Что ночь осталась на губах, горька,
Как пьющая вино потерь строка,
Как память о тебе, о нас, о лете.

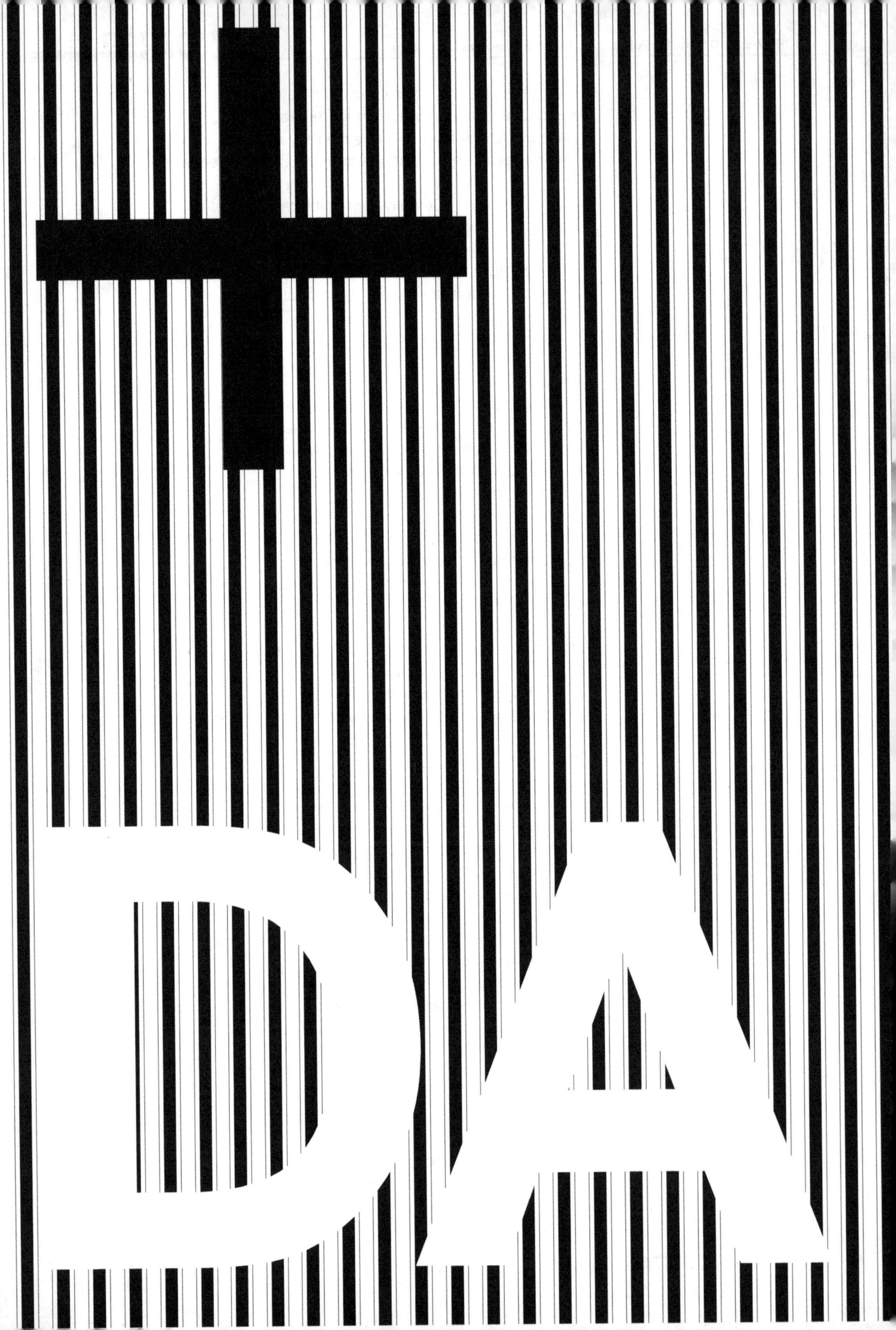
DA

+DAтоп

Ирина

Ирина Аргутина (Челябинск)

Ирина Аргутина — член Союза писателей России, лауреат литературных конкурсов им. К. Нефедьева (Магнитогорск, 2003), «Пушкинская лира» (Нью-Йорк, 2004), им. М. Клайна (Челябинск, 2005). Публиковалась в журналах «Уральская новь», «Урал», «Уральский следопыт», «День и ночь» (Красноярск), «Врата Сибири» (Тюмень), «Крещатик» (Мюнхен), альманахе «Южный Урал», «Антологии современной уральской поэзии» и др.

Недавно вышла из печати пятая книга «Избранное». Предыдущие сборники стихов: «Свободные скитальцы», «Время поить пески», «Линия перемены дат», «Настоящие птицы», «Четыре степени свободы».

Живет в Челябинске.

Ирина АРГУТИНА

Кубический бедлам

Октябрь

Молочный воздух стелется, зыбуч —
с овчинку небо и земля с коврижку,
и жмет слезу из поседевших туч
пустых полей детдомовская стрижка.

О, кто
не умирает в октябре!
Не навсегда — до следующего раза,
до льдистой вспышки света на ребре
октаэдром застывшего алмаза…

Октава,
завершаясь нервным «си»,
лишает очевидности исхода:
не жди, не верь, не бойся, не проси —
у ангела нелетная погода;

ему сплошная облачность претит —
молочный воздух
нынче непроезжий.
И лишь слеза из тучи долетит,
чтоб утонуть
                в кисельном побережье.

* * *

О как легко и не сердито
весной, в шумливый день базарный,
в ловушку форточки открытой
влетает ветер лучезарный!

В моем кубическом бедламе
ему уже не отвертеться.

Взбодрив обросшее годами
неповоротливое сердце,
он разбивается о люстру
холодным стуком кастаньеты,
и злая дрожь стекла и света
родит биение предчувствий,
не узнаваемых до срока,
не изрекаемых словесно, —
блаженна истинных пророков
всевременная неуместность! —

И мир безжалостно нанизан
на пыльный луч, как на иголку…
А солнце бродит по карнизу
и примеряет треуголку!

* * *

Когда земля, вздохнув цветущей грудью,
распустит часовые пояса,
июльский зной становится безлюдьем,
и слышно, как впивается коса
в зеленый луг меж озером и небом,
размеченный фигурками овец.

На запад, в засыпающую небыль
уходит золоченый жеребец.
Смолкает разговорчивая птица,
и ночь ныряет в озеро с холма,
так женственна, что этого стыдится
и кутается в травы и туман.

Победа

Он не узнал родных пенатов —
Апрель, вернувшийся с войны:
скороговорка автоматов —
в сорочьем стрекоте.
В больных
деревьях, рвущихся под танки, —
фантом железного ежа.
Зимы печальные останки,
еще не убраны, лежат.

Он бредил: это мир, не так ли? —
сердито растирал висок…

Летели дождевые капли,
гудел в стволах тяжелый сок.

Он шел и думал: «Я вернулся», —
и слушал, как гудят стволы.
След неразвеянной золы
за ним по улицам тянулся,
дрожа приспущенной струной
его несмолкнувшей досады…

И шел по следу Май с рассадой
цветов, покончивших с войной.

Мадонна

Бродил по сумраку музея
и чтил великих,
со скрытой завистью глазея
на эти лики,

и думал: «Говорили — мастер —
не про меня ли?
И я себя на хлеб и масло
не променяю

и не унижу телесами
красоток томных.
Настало время написать мне
свою Мадонну».

И в тот же вечер, приступая
к борьбе с картиной
и болью («Ты замри, тупая,
там, за грудиной!»),

наметил нежность абрикоса
в тепло овала,
но дрогнула рука — и косо
нарисовала

не то надкушенную грушу,
не то картофель…
И вдруг шепнул ему: «Послушай, —
корявый профиль, —

рисуй меня! Ну что за радость
в твоем овале!
Рисуй! Меня такой ни разу
не рисовали…»

И, проклиная голос вещий,
себя («Дурак ты!»),
рисуя глаз, чуть помутневший
от катаракты,

он услыхал: почти без звука,
почти бесслезно
с холста заплакала старуха
в ночи беззвездной,

где нет волхвов, а тот младенец,
прожив три лета,
на стопку белых полотенец
глядит с портрета…

Слепая зорко смотрит в душу:
«Я знаю, знаю.»
И рот по-старчески иссушен —
кора земная —

и шепчет имена, безбожно
попутав святцы.
Все пережито. Больше можно
не волноваться.

И седина ее все легче.
И утомленно
«Она готова, — мастер шепчет, —
моя Мадонна».
………………………………
И подошли к картине трое,
и рядом встали.
«Вот матушка, — один промолвил, —
моя святая».

«Судьба моя, — другой заметил, —
ты некрасива».
И горестно подумал третий:
«Моя Россия».

Возвращение к цикадам

Дым отечества там,
где север.
Рыжий запах смолы и серы,
он плывет на восток и юг
от геенны металлургии
(по законам драматургии
самый верный — заклятый — друг) —

над цитатой
(но без кавычек),
осенившей фасад парадный:
мол, теперь и у нас
                              (теперь

площадь Павших
так архаична,
площадь падших
так заурядна,
и так далее, и т.п.),

задевает немного,
краем,
уголок на границе с раем
(белым стражником до небес
там Курчатов широколобый,
пополам разломивший глобус,
охраняет закат и лес),

затихает в садах,
                        рассеян
меж корявых уральских яблонь
и клубящихся облаков.
Дым отечества там,
где север.
Я уеду на запад, ладно?
Ненадолго.
Недалеко.

В те края,
где в июле грозы
рассыпают цветы и звезды
по холму с золотой травой,
где Сунукуль,
сонный младенец,
обнимает легко,
по-детски,
пару плюшевых островов.
Окунусь в дремотные воды,
перепутаю дни и даты,
день и вечер,
                        когда в траве
музицируют с неохотой
разленившиеся цикады
бестолковых родных кровей,

и замру в немоте восторга
на неделю.
            Сюда с востока
не дотянется серный вкус.

Но без горьких дымов и камня
мало горя наверняка мне.
И поэтому я вернусь

к площадным перебранкам улиц,
к заключенным в гранит цитатам
вдоль урочища Челяби́…
…Я вернулась.
                      Мы все вернулись
к отмеряющим дни цикадам —
поминутно, как ни люби.

* * *

На окне у соседки цветет старый кактус.
У меня — старый хлеб.
                      Недоеденный хлеб…
В дверь стучатся волхвы.
                      Где моя деликатность?
Не впущу бородатых в мой каменный хлев.

Я их вижу в глазок.
                      Никакой благодати
ни в едином глазу.
                      На какую звезду
их сюда понесло?
                      Ухмыляются, тати.
Вот ограбят — и сына с собой уведут!

Что, открыть?
                      Открывать интересней, чем помнить.
Только память меня не подводит, увы.
Впрочем, что здесь украсть?
                      Хлеб, цветущий упорно?
Книги старые? Сына-подростка?
                      Волхвы

удаляются, руганью витиеватой
оглашая подъезд.
                      И, как лезвие в бок:
«Я к тебе присылал. Ты сама виновата».
Я сама виновата.
                      Спасибо, мой Бог.

* * *

Озноб осеннего дождя
рождает горечь листопада.
Над мокрой площадью
вождя
ведет заоблачное стадо

к заморским пастбищам.
Они
пройдут воздушным коридором.
О, местный боже,
сохрани
меня бездушным валидолом
на этой,
вымокшей в слезах
земле под коркой каменистой,
ломтем пока не отрезай,
еще не снег…
еще не выстрел…
…………………………………………
Листва с повадками мышей
лениво бегала от ветра.
И стало легче на душе.
И удалось пройти два метра

по улицам и площадям,
по проводам и эстакадам
сквозь дрожь осеннего дождя,
промокшего под листопадом…

* * *

Готовимся к зиме
и утепляем окна.
…Ворона во дворе
замерзла и промокла,
но тоже утеплить пытается гнездо.
Вороне что-то Бог
                   в не лучший из сезонов
послал.
Но мир жесток
                 и неорганизован —
и жребий выпал (за сомнительным крестом

оконных рам).
А там
       живет и суетится
ворона-старожил,

стареющая птица.
Нам с ней который год готовиться к зиме,
бояться холодов,
зачем-то ждать покрова
и стайками следов
                                          одно, другое слово
слагать — и, наконец,
составить резюме

для тех, кто наверху,
                              и грамоте обучен,
и сыплет первый снег из первой снежной тучи
на палую листву — пока не надоест.
Да кто там, наверху, читает наши знаки!
И кляксами ползет по вымокшей бумаге
изменчивый октябрь. И черные коряги
несут в печальный путь
                              унылый цинк небес.

И вот уже готов
                              к зиме наш дом картонный.
В преддверье холодов
                              я слушаю гортанный
пророческий рассказ вещуньи во дворе
о том, что в холода
                              и мерзнут, и черствеют
и люди, и еда —
и как осточертеют
объятия снегов, желанных в ноябре.
Рассказ ее суров,
                              но голос хладнокровен.
В гнезде меж двух стволов
                              она со мною вровень —
и видит все как есть,
                              и говорит как есть.
И птица — не орел, и дерево — не древо,
и я уже давным-давно не королева —
но ферзь.

Памяти Виктора Прокофьевича Аргутина, моего свекра

Траншеи последней войны

Как протянулись — от глаз и до самой шеи,
слева направо по лбу, по землистой коже —
нет, не морщины, а фронтовые траншеи,
что не утюжат земные пути — итожат.

Бог не забыл: он уже присылал повестку.
Скоро идти. Остается такая малость.
Пусть подождет: нынче сын прилетел с невесткой.
Надо побриться, чтобы не испугалась.

Нет, ничего — молчаливая, молодая.
Вечером вышли вместе молчать на балконе.
День уплывал в Заилийское Алатау
(горы отсюда видны как на ладони).
Так бы стоять и стоять. Почему, однако,
хочется ей рассказать, пусть нелегко мне?..
Я ведь с войны принес медаль «За отвагу»
и нежелание ни говорить, ни помнить.
Будто замок сорвало. Так не бывало,
чтобы язык не поспевал за речью.
Только чернеет зубьями Алатау,
только летучие мыши свистят картечью…
Только и я как будто ее моложе,
только война за мной начала охоту:
нас окружили. В плену я очнулся позже.
Первый побег, второй — а кругом болота.
Стынет вода ледяною октябрьской кашей,
пули жужжат со скоростью глупых мыслей:
«Вот доберусь — а ведь я доберусь до наших —
и отогреюсь. Может быть, даже высплюсь».

Вот и добрался. Тут же и отогрелся.
Мне капитан грозился поставить точку:
мол, пристрелю тебя за попытку к бегству.
Если бы не налет, пристрелил бы точно.
Падали в пыль и слушали вой моторов.
Не поднимая глаз, получали в спину
(через минуту тот, кто еще не помер,
знал, что не пулю, а комья земли и глины).

А на дороге убило шофера ЗИСа.
Вылез майор, живой, но немного бледен,
и про меня: это что, говорит, за птица?
Я говорю: «Шофер». «Заведешь — поедем,
а на тебя бойцам напишу расписку».
Отчим — тот был шофер. Научил чему-то.
Я починил, завелся — и с Пятым ЗИСом
больше не расставался ни на минуту.

Веришь ли, нет — вот это была машина!
Как нас ни били, все же с земли не стерли.
Слышь, по лицу земли пролегли морщины,
как у меня, глубокие… Что-то в горле
комом застряло. Смолк — и увидел руку
на животе, слегка натянувшем блузку.
Господи, ты бы дал мне дождаться внука.
Только узнал бы — и сразу к тебе в кутузку…

....

Так я и умер, правила соблюдая.
Внука не видел. Сын прилетал проститься.
А через год Заилийское Алатау
мирно, без боя, кануло за границу.
Наша война, последняя из великих,
нас добирает, старых, больных и вздорных,
не запятнавших руки свои и лики
кровью и золотом будущих войн позорных.

Одуванчики

И когда, уже исхудав на треть,
календарь не в силах сокрыть весну,
и когда еще ничем не согреть,
но уже появляется, чем блеснуть,
вспоминают дети, что есть пломбир —
и на палочке, и в стаканчике —
и врываются в черно-белый мир
                              одуванчики.

Как земля горящая — Трансвааль,
как «Наверх вы, товарищи, по местам!» —
так они взрывают собой асфальт
и бросаются под поезда.
Поезда стучат: сотни вёрст — на юг
и не меньше тысячи — на восток.
Сто голов полягут под перестук,
но и выживут — тысяч сто.

Ненадолго съежатся в ранний час,
а над ними взойдет заманчиво —
словно дух святой — и они торчат:
«Он из наших, из одуванчиков!»
Пусть грозу газонов, позор садов
выдирают с корнем — держись, держись,
ведь почтенной старости нимб седой
обещает вечную жизнь!

И они восходят, желты, дружны,
пусть кому дано — сотворит вино,
а вообще-то вроде и не нужны,
разве что безгрешному — на венок.
Но когда в апреле сыра земля —
с чем покончено, что не начато —
дрогнет сердце: вот он, отсчет с нуля —
с одуванчика.

+DAтоп

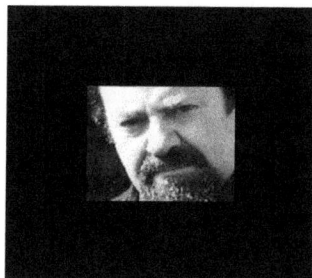

Михаил

Михаил Юпп (США)

Михаил Юпп, родился в 1938 г. в Ленинграде. После четвертого класса школы ушел в ремесленное училище, где приобрел профессию столяра-краснодеревщика. Закончив специальные курсы поваров-коков при Северо-западном речном пароходстве, исходил почти все реки и каналы европейской территории России на самоходках и лихтерах. После службы в армии сдал экстерном экзамены по курсу средней школы. Два неоконченных высших образования — Московский Литературный Институт им. Горького, Ленинградская Академия Художеств — отчислен за публикации стихов на Западе и выступления на нонконформистских полуофициальных выставках.

Автор семи поэтических книг. Занимается исследованиями в областях: поэзия российского зарубежья XX века, литературно-художественное наследие второй, послевоенной эмиграции, русское освободительное движение и армия генерала Власова. Стихи и научно-исследовательские работы были опубликованы во множестве изданий России и Русского Зарубежья. Обладатель нескольких наград и медалей за личный вклад в отечественную культуру. Удостоен звания Иностранного академика РАЕН по секции литературы. Действительный член Международной Академии о природе и обществе по Московскому отделению.

Живет в Филадельфии (США).

Михаил

Сгинувшая Русь

Эдуарду Ломскому

Поющая гребенка

На Барочной у Ломского — бардак!..
Касим Булгаков воет под Армстронга.
В моих руках поющая гребенка —
Жлобов пугает музыкой «стиляг».
Год пятьдесят шестой, борьба за власть,
За наши души в оттепельной зоне.
Целинники хохочут на перроне,
И добровольно лезут к черту в пасть.
У Эдика у Ломского на Барочной
Мы пили чай, и каждый был горазд
Сменить значок «БГТО» на джаз,
Как говорили в те года, припадочный.
Нам было по пятнадцать, наш кумир
Был Элвис Пресли, а не Глеб Романов.
Дни состояли из сплошных обманов,
Тень сталинизма заслоняла мир.
На Барочной у Эдуарда Ломского
Гербарий жутких подростковых лет —
Распался, как звезды далекий свет
На серый шухер анекдота плоского.
И все-таки мы выжили в той мгле,
Где черти нас дурили слишком долго.
Звучи, моя поющая гребенка!..
Мы, слава Богу, на другой земле.

* * *

Объемся вдосталь эмигрантикой,
Но Лелем в лоно не вернусь.
В стихах простуженной романтикой
Чихает сгинувшая Русь.

И все до ужаса понятно,
И тошнотворно как всегда.
Не возвращаются обратно
Разлукой стертые года…

* * *

Из города былых названий,
Из недоношенных страстей —
Доносят знаки восклицаний,
Скандальный перезвон нулей.

Вкусив попутного уродства
Враждой наполненный стакан —
Муть стихотворного подонства
Течет в сплошной самообман.

А приглядишься, так же тускло
Огарки прежних лет горят,
Когда по городу обрюзгло
Ползет литературный гад.

Когда в испарине миазмов
Стишки, лукавствуя, плетет.
И, похотливо взгляд намаслив,
Живет, как заживо гниет.

Там, в городе былых названий,
Под вавилонской каланчой —
Распались знаки восклицаний
И многоточий ряд сквозной.

* * *

Под болтовню занудливых дождей,
Под старый вальс заезженной пластинки,
Урывками и, в общем, по старинке
Живу на перепадах скоростей.

Пусть этот мир из кожи лезет вон
Вчерашним сосунком, что в мэтры метит.
Но черный цвет так не к лицу планете,
Стремящейся в коллапс на выпивон.

Моя случайная попутчица Луна —
Безропотно в ночной неразберихе

Плетется по московской по Плющихе,
Происходящим чересчур пьяна.

Вновь музыкой зашарканный вальсок
Разбередил мне душу по старинке.
Вон трусики трещат у балеринки —
В галактике страстей, наискосок.

* * *

Я живу в каком-то полусне
На забытых Богом полустанках.
Ходики хлопочут на стене,
Осень консервируется в банках.

Время как бессмертника букет
В полутемной емкости столетья.
Чей-то недособранный скелет,
Чье-то непутевое наследье

И однообразность постулат…
Господи, ведь я — твое подобье!
Ежели сосед и вправду брат,
Что ж он зверем смотрит исподлобья?

Я его ни в чем не унижал
На забытых Богом полустанках.
Это черт на вилах проскакал,
Это черви завелись в портянках.

Это век двадцатый льнет к войне,
Это годы как в грязи пехота.
Я живу в каком-то полусне
Так, что просыпаться неохота.

Фаустиада

Я — Фауст!.. Только мной руководит
Не Мефистофель, а слепая Муза
Из всепьянящего Советского Союза.
— Эй, кто там, наливай, душа горит!

— Давай, Елена, выпьем за любовь,
что Вагнер нам изобразил с рогами!
Лови утопленную молодость баграми
И никому ни в чем не прекословь.

Я — Фауст преждевременных восторгов,
Пусть лают псы эпох до хрипоты.
Шуршат любимые бессмертники-цветы
В стране моих голодных осьминогов.

А я уплыл в пространство, одинок,
Ни времени, ни людям не подвластен.
Просолены гипербореем снасти,
И Русской Музы светит огонек.

Я — только я, хотя и жил когда-то,
Астральный свет неуловим во мгле.
Лежит забытая на письменном столе
Библиофильская моя Фаустиада.

Вереницы

Как мир меняется! И как я сам меняюсь!
Лишь именем одним я называюсь…
Николай Заболоцкий

В разнополярных вереницах
Чуть приоткрывшихся времен —
Я буду в бывших двух столицах
На пьедестале вознесен.

И будет спор крутой и резкий
Вестись за строчки и слова.
Но Волнут-стрит отнюдь не Невский,
А Скулкил-ривер не Нева.

И этот мир давно другой уж,
В нем я живу с двойным лицом:
Санкт-петербургский перевертыш
И Филадельфии фантом.

Жизнь размагниченным столетьем,
На искры рассыпаясь слов, —
Таранит Новый Свет медведем
Под клекот пасмурных орлов.

Но в этих бывших двух столицах
Дарованных судьбой начал —
В разнополярных вереницах
Я сам себе принадлежал.

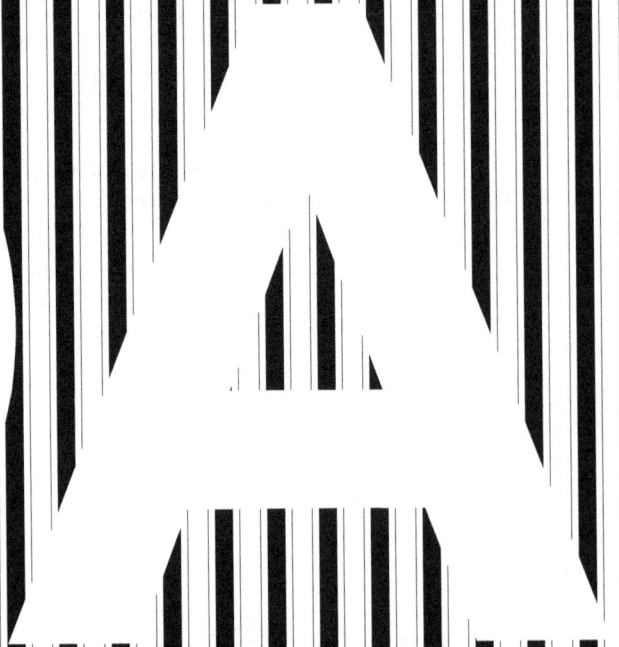

+DAтоп

Валерия

Валерия Ступенкова (Иваново)

Валерия Ступенкова родилась в 1987 году в Иванове в семье врачей. Интересуется рисованием, музыкой, прикладным исскуством. Третий год посещает занятия литературного объединения «Основа» при Ивановской писательской организации.

Стихи пишет с детских лет. Публиковалась в областной периодике и коллективных сборниках. Неоднократный победитель городского и областного литературных конкурсов 2003-2004 гг. В 2004 году в ивановском издательстве «Талка» вышла в свет ее первая книга «Ветер в лицо».

Живет в Иванове.

Валерия Ступенкова

Среди звезд и зеленых лиан

Первые строчки

Где-то здесь: в твоих волосах, глазах,
В запахе кожи, возможно,
В том, что ты только что мне сказал,
В этих словах несложных,
В нежных руках… И во всем, что есть
С нами, от точки до точки, —
Ты и не знаешь, но где-то здесь
Живут мои первые строчки.

* * *

Твоих ли слез просила на закате,
От глаз твоих ли прятала тоску?
И доверяла жизнь тебя ли ради
Волне соленой, солнцу и песку?
Я для тебя ль другим не стала милой,
Гнала их прочь — себе, судьбе назло?
О, почему я раньше не любила?!
О, почему мне раньше так везло?..

Улица

Молчи. Если скажешь — все сбудется.
Запрись на надежный засов.
Усталая летняя улица
Мечтает о тени лесов.
О чем же еще, если нечего
Ей в памяти больше беречь?
Она в наших душах отмечена
Как улица пройденных встреч.

Шаги по асфальту и гравию,
Как приступы: время — назад.
Все к черту… Не знаю, что правильней —
Молчать?.. Или все же сказать?

Дождь в дорогу

Дождь в дорогу — примета хорошая.
Пусть в дорогу прольется мне дождь.
Все дела и сомненья заброшены —
Только ты провожать не придешь.
Ненадолго. Вернусь. И не совестно.
Шум мотора — как по сердцу нож.
Бисер капель на окнах автобусных —
Только ты провожать не придешь.
Ты и дождь — серебристыми искрами —
Знаю, будут еще впереди.
Я прощу все, что было неискренним.
Ты хотя бы встречать приходи.

Новороссийск

С корабля на бал, как говорится.
С поезда — в прокуренный КамАЗ.
Улица ночная тополится
И глядит каскадом окон-глаз.
Небо темно-синее качнулось,
Звездным ливнем освещая путь…
Город южный, мы к тебе вернулись!
Ты уж встреть нас, сонных, как-нибудь.

* * *

Все, что нужно тебе — карандаш и хорошие краски,
Мне же — ручка и лист, и слова, и любовь, и мечты.
Мой талант — на перо, твой — на кисть безупречно натаскан,
Я рисую словами, мне вторишь палитрою ты.
Нас никто не поймет? Эта мысль не пугает поэта.
Пусть он с маленькой буквы, но все-таки — тоже поэт.
И художник, забыв про пустое сомнение это,
Продолжает творить сквозь густые соцветия лет.
Свято верю, что годы, идущие рядом, не старят,
Только след оставляют на светлой и чистой судьбе.
И на холст опадают, и строки рождают, и дарят
Мне — бумагу и ручку, хорошие краски — тебе.

* * *

Скинула белых своих птенцов
С неба зима-кукушка.
Мальчик, не спрячешь от стуж лицо —
Станешь ее игрушкой.
Мальчик, вернись к ароматам роз,
Мальчик, уйди от окон.
Или уже безвозвратно врос
Ты в серебристый кокон?
Мальчик, ты просто ослеп, ослеп,
Больше не видишь красок.
Строит сугроб тебе — или склеп? —
Снег — ледяная раса.
Скоро настанет всему конец.
Ветер метет порошей.
Мальчик, ты тоже ее птенец:
Чист, желторот и брошен.

* * *

Желтым осенним листьям не нужен свет,
Мы их кремируем раньше, чем он настанет,
Чтоб не кружили бесчисленной в небе стаей
И не катали на спинах клочки газет.
Желтым осенним листьям не нужен сон:
Их стережет у асфальта последний дворник.
Старой метлой разномастную листьев свору
Вежливо прочь с тротуара проводит он.
Желтым осенним листьям не хватит дней,
Им отведенных, чтоб выжить, постигнув это.
Листья — последние выдохи злого лета,
Самоубийцы, летящие вниз с ветвей.

* * *

За пустынным причалом мерцает вода,
Почернела по осени белая ночь.
Добрались и до этих краев холода,
И мы, кажется, с этим смириться не прочь.
Половинки колючих безжизненных звезд
Заглянули в осколки вторых половин…
Я на них — не гляжу. Ты до них — не дорос.
Добрались холода и до нашей любви.

Прощай

Там, где прощается небо с водой,
Там, где зарницы встречают рассвет,
Ты безраздельно останешься мой.
Мой. До скончания дней. Или лет.
Знаешь, ведь в этом не наша вина,
Просто так вышло, и не обессудь.
Кровь напоила меня допьяна,
Кровь подгоняет в термометре ртуть.
Там, где не видно стенающих стай,
Кровью я смою обиду свою.
Горькое в горле застряло «прощай».
Может быть, встретимся где-то в раю?
Небо укажет. Лишь небу видней.
Темной воды загорается край…
Там, до скончанья минут или дней,
Кто-то один из нас выписан в рай.

По дороге домой

В маршрутном такси равнодушно расплатишься мелочью,
Уставишься молча в окно, проследишь за прохожими.
Мы что-то сегодня делили и, кажется, множили.
Подумать бы только — насколько мы скупы и мелочны.
Свою остановку сегодня проехать так хочется,
По кругу кататься вот так бы до самого вечера…
И нечего слезы ронять. Ты расслышала — нечего!
Ведь это не смерть.
Да, не смерть.
Это лишь одиночество.

Доверие

По первому тонкому льду пройду.
Спасибо за то, что средь этих комнат
Меня — не такую, как я — но помнят.
Спасибо, я буду иметь в виду.
Пусть треснет, надломится лед — не в счет,
Пусть все пропиталось тут липкой ложью —
На руку твою, как на милость Божью,
Надеюсь. Я верю тебе еще…

* * *

Хотела спросить… Но не бойся — не будет вопросов!
Спеши, уходи, убегай — я тебя не держу.
В глаза не смотри: эти слезы — совсем и не слезы,
А дань расставанью, хрустальное семя-кунжут.
Давай, отвернись. Ну, зачем издеваешься, медлишь?
Боишься, что кинется следом дешевая месть?
Я кудри свои никогда бы не красила в медный,
Когда б не хотела казаться сильнее, чем есть.
Беги. Не волнуйся — не встречу на узкой дороге.
Кунжут моих слез навсегда иссушили ветра.
Беги и гордись: ты отныне — один из немногих,
Кому за измену и подлость желают добра.

Крылья растут

Крылья растут, говоришь? Крылья…
Грустно мне жить, и не жить грустно.
Стали творенья мои — пылью,
Стало в ковчеге моем пусто.
Некого больше спасать. Слышишь?
Некому больше дарить душу.
Так и осталась сухой вишней,
Запертой в листьев туман душный.
Крылья растут, говоришь? Поздно!
Сил больше нет рассекать воздух.
Сил больше нет собирать звезды,
Храм возводить на краях острых.
Крылья растут, говоришь? Ты ли,
Мною спасенный, навек первый?
Крылья всегда у меня были,
А вот теперь я прошу: вырви!

P. S.

А знаешь, не вини себя — пустое!
Я просто в этой жизни не у дел.
Теперь нас никогда не будет двое,
Теперь все будет так, как ты хотел.
Увы, меня не жалует Всевышний,
Хотя корить его в несчастьях — грех.
Ты знаешь, я была немного лишней;
Всегда немного лишней — и для всех.

Мне чуждо, мне постыло все земное,
Мой календарь считает дни назад.
Не надо, не вини себя — пустое!
Твоя ль вина, что ты был виноват?

Лед

Слезы зимой невозможны,
Лед — их печальный удел.
Нежности неосторожной,
Верю, никто не хотел.
Стало просторно обиде
В крике прощавшихся птиц.
Слез моих вам не увидеть:
Лед опадает с ресниц.

Желтые камни

Мы построим из желтых камней
Желтый дом на морском берегу.
Приходи-ка под вечер ко мне —
Стать таким же тебе помогу.
Будем вместе скакать по полям
И панамкой ловить мотыльков.
Будет мокро и весело нам
Меж оранжево-красных буйков.
Ах, с разбегу бросаться в рассвет,
Черпать ложкой кисельный туман —
Ничего лучше этого нет
Среди звезд и зеленых лиан!
Приходи — и звериной тропой
Мы тихонечко в сумрак пойдем…
Если ты не в ладах с головой —
Приходи в мой раскрашенный дом!

Души

Розы остались кровавыми пятнами
Вянуть в подъездах, покрытых пылью.
Грязным пролетом, ступенями ватными
Между перилами мы уходили.
И, за чертой оставаясь безумными,
Миру оставив ненужную жалость,
Голосом звонким, дрожащими струнами
В песни неспетые мы возвращались.

МЕРТВОЕ МЕСТО

Здесь, говорят, не пишут простых стихов.
Здесь, говорят, не пишут. Здесь говорят.
Чаще кричат и строят в безликий ряд.
Этот порядок, конечно, совсем не нов.
Здесь, говорят, не спето и пары строк,
Чтобы — о жизни, а не о войне. Увы.
Я бы на месте священной земной любви
Тоже не стала ступать на такой порог.

* * *

Я знаю, как тонут: прыжок, удар
И — синяя пустота…
Умение плавать — увы, не дар,
А надобность. Я не та,
Кто плавать умеет. Но я плыву,
Сражаюсь с потоком вод.
Я знаю, как тонут. И наяву
Кто тонет — тот не живет.

* * *

Какая безумная встреча!
Уверена: ты мне не рад.
И рот твой тоской искалечен,
И искры в глазах не горят.
Ну, с кем ты? И где ты? И как ты?
Обида — в душе ль, на лице ль…

Да, врезаться в память хоть как-то —
Не самая лучшая цель.

Останови меня

Останови меня на полуслове.
Мой идеал, ты стал почти условен,
Мой идеал, ты стал совсем чужим.
Отдай мне всё, что нужно и не нужно —
И песню, что звучит в устах натужно,
И мир, где бездыханно мы лежим.

Останови меня! В моей ладони
Кораблик наших хрупких судеб тонет.
Смотри: расколот!.. сел на скуки риф!..
Останови! Тебе ли неизвестно,
Что все — от мига до последней песни —
Могу сломать я, лишь договорив.

Мне снились волки

Мне снились волки: в воздухе ночном
Звенела пыль рассыпчатого снега,
Вздыхало море под прозрачным льдом,
Стонала ель — уставшая калека.
Мне снились сны: и звезд тревожный свет,
И горы, что мерцали мне из пыли,
И след…
        — Ты точно видела их?
                        — Нет…
Но кажется, что волки где-то были.

Не

Я тебя не люблю…
             Это мантра, что ли?
Ты читаешь ее?
          Мне хотелось знать бы.
Если веришь в смерть
             от страха и боли —
Укради меня до
          нереальной свадьбы
С окровавленным небом,
             спалившим кожу…
Я тебя не люблю —
          ни при чем роман твой!
Я тебя не люблю.
        Ты, конечно, тоже.
Подавился б ты
      этой глупой мантрой!

Камни

Мы кидаем камни в это море,
Чтобы моря больше не осталось.
Не кричим, не слушаем, не спорим —
Мы не знаем, что такое жалость.
Мы кидаем камни. Мы устали,
Мы забыли все морские песни.
Наши души — из песка и стали,
Нам вода и соль не интересны.
Мы кидаем камни не из злобы,
Не из мести и не из печали.
Мы кидаем камни в море — чтобы
Морем счастья нас не искушали.

* * *

Вот видишь… А ты говорил, что мы будем вечно,
Что если уйдем — то вместе, к другому свету…
Ты помнишь, как было? Как гнал ты ко мне по встречной?
Теперь на движенья навеки наложим вето.
Ты помнишь, что ты говорил: мы друг другу пара,
Что мы — половины, а вместе — навек едины?
Теперь мы друг другу заноза-расплата-кара,
А наши сердца превратились в снега и льдины.
Вот видишь! А ты говорил: никуда не деться
От рока, судьбы… и прощально сжимал мне руки.
Ты знаешь: любовь — не такое уж это детство,
Скорее — плохое лекарство от взрослой скуки.

* * *

Повесь колокольчик в саду, повесь —
Пусть радует взор и слух.
Я слышала: в мире ходила весть,
Что умер один из двух.
Я слышала: «Черт с ним! И с неба вон,
И здесь никому не брат».
Его провожал колокольный звон
До самых последних врат.
Я видела: ветер свечу задул —
И пасмурно стало днем.
Повесь колокольчик в своем саду —
Пусть память хранит о нем.

* * *

Трамваи не ходят и ноги не ходят.
Опять одеваюсь, как ты — по погоде,
И взгляд, темнотой успокоенный вроде,
Искрится, как рельсовый стык.
Наш глупый разлад — он, увы, не случаен.
Опять меня кто-то с трамвая встречает.
Гудки телефонные — вскриками чаек:
Твой голос далек и дик.
Неужто мне кто-то роднее и ближе?
Люблю я тебя? Иль уже ненавижу?
Нам нужно расстаться и как-нибудь выжить,
Вдвоем мы сойдем с ума.
Заплакать пыталась — лишь дрогнули плечи.
Ни треп, ни стихи, ни подушки не лечат.
Осталась надежда: что нынче под вечер
Я не позвоню сама.

Я не втянусь

Я не втянусь, обещаю. Я лишь смотрю,
Лишь наблюдаю, вникаю и размышляю.
Пес третий месяц подходит к календарю,
Лает на числа. И воплями вторит лаю.
Числа все те же: у нас загостил июнь,
Шорты и майки, кроссовки под табуретом…
Да, этот дождь за окошком уже не юн,
Да, эта грустная осень — уже не лето.
Я это знаю, не стоит напоминать.
Правда, какой бы она ни была — не лечит.
…Где-то в начале июня твоя кровать
Нам не казалась единственным местом встречи.

Секрет

Я знаю, что ты прячешь от людей…
Но не пугайся: тайну не раскрою.
А чтобы ты навеки был спокоен —
Я утоплюсь в колодезной воде.
Потом, в траве кузнечиком звеня,
Тебя всю жизнь преследовать я буду…
Своей любви ко мне простое чудо
Ты никуда не спрячешь от меня.

* * *

Ты в обвиненьях своих так жалок!
Вот оступился, запнулся: «Блин…»
Да, я поклонница Сандры Баллок,
Да, я люблю мелодрамный сплин.
Да, я рыдаю над каждой фразой,
Жду, что добро пересилит зло…
Вот со счастливым концом ни разу
Мне почему-то не повезло.

* * *

За гранью фантазии кто-то из нас погиб…
Прошу: вспоминай меня реже. Так проще, проще!
Ты добрый — не я, со своею душонкой тощей,
Ты сильный, ты вынесешь этот крутой изгиб.
Что память! Немая вода, и по ней — круги…
Ты справишься, знаю! Во имя меня и ночи,
Оставь меня в памяти только созвездьем строчек!
За гранью фантазии кто-то из нас погиб.

* * *

Здесь на каждое «да» — указательно-смутное «но»,
Здесь на каждое «нет» ставят штамп фиолетовой тушью.
Хлопнет дверь, кто-то выйдет, а кто и куда — все равно,
Все заботы приводят к проблемам, к тоске и удушью.

Здесь не смотрят в глаза, здесь не слышат отчаянных слов.
Здесь никак. Здесь немного противно и капельку скушно.
Здесь совсем не холодная ложь. И совсем не любовь,
И совсем не вражда. И не правда совсем. Равнодушье.

* * *

Ты скажешь: стихи никого не спасут от жажды,
Они никого не излечат от старых грез,
От снов, от болезней, от страшной судьбы. Однажды
Они нас заставят идти по дороге врозь.
Они рождены окровавленной страхом ленью,
В них холод забвенья бесстрастной рукой простерт.

Я буду стихи вырезать на сухих поленьях,
Чтоб было всегда, из чего развести костер.

В планах издательства +Да Паблишерс — выпуск поэтических сборников
в серии **+DA ТОП ПОЭЗИЯ**.
Подробнее с содержанием и датами выпуска отдельных сборников можно
ознакомиться на сайте издательства — **www.plusDA.com**

Ниже — обложка сборника:
ОНО (Алик Верный)

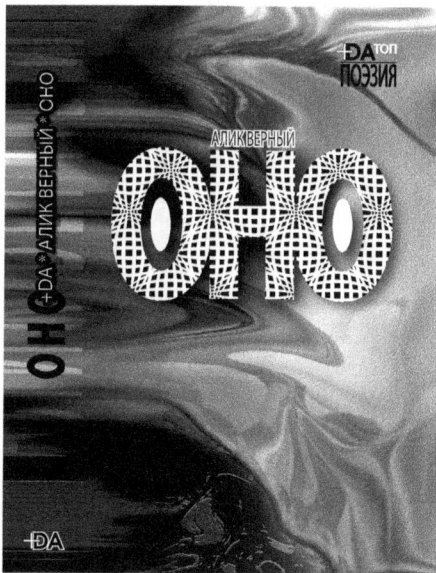

ОНО
Алик Верный

Эта книга вначале была издана автором на
печатной машинке, под копирку, в 4-х экземплярах.
Ее читали друзья, многие стихи стали песнями
киевской группы «Квартира 50». Постепенно копии
поистрепались, и последняя из них затерялась в
архивах поэта. Я нашла парочку из этих стихов
на интернете и была заколдована ритмикой и
дыханием рифм.

«Немножко для ожирения мозгов», «Средство
от», «Теперь о теле» — зацепило название?
Значит читатель на верном пути к пониманию
автора. С первых строк задаётся равномерный,
безупречный ритм, снимающий напряжение.
Воображение рисует живые эмоциональные образы,
временами абстрактные («Бумага № 1»), а порой
близкие и понятные каждому («Лес», «Птички»).
Звучит светло, выпукло… с горько-сладким
привкусом. Одна из черт — глубокая искренность
и непредсказуемые стилистические приёмы. Тонкая
ирония и особый авторский взгляд на суть вещей.
Удивительное сочетание глубокого философского
самоанализа с детской непосредственностью. Алик
Верный успешно раскрывается, как многогранная
поэтическая личность: суровая и хрупкая
одновременно, что заставляет неоднократно
возвращаться и перечитывать его произведения.

Марианна Голодова

†DA

+DAтоп

Александр

Александр Никитенко (Кыргызстан)

Александр Никитенко родился в 1948 г. в Душанбе Таджикской ССР в семье служащего. Окончил филологический факультет Киргизского университета (1971). Работал наладчиком на заводе во Фрунзе, ответственным секретарем журнала «Литературный Киргизстан». корреспондентом газеты «Вечерний Бишкек». Печатается как поэт с 1967: журнал «Литературный Киргизстан». Автор книг стихов: «Подсолнух». Фрунзе, 1979; «Свет в судьбе». Фрунзе, 1982; «Раздолье». Фрунзе, 1984; «Высь». Фрунзе : Арабият, 1988; «Третий раунд». Фрунзе : Арабият, 199; «Некто я». Бишкек, 2005; «Зимняя радуга». Бишкек, 2006. Автор-составитель антологии русского поэтического палиндрома: «Переворачиваю мир». Бишкек, 2006. Член Союза писателей СССР с 1983 года, член Союза независимых писателей Киргизстана с 1991 года и Союза писателей Киргизстана с 1993.
Живет в Бишкеке.

Александр

По самой хрупкой из орбит

Самосожженцы

* * *

Жил хорошо я или плохо,
но в сердце не гасил огня.
Я врос в тебя,
моя эпоха,
как ты сама вросла в меня.
Я снова ставлю ногу в стремя,
взлетаю в шаткое седло,
в котором врос в родное время,
как время в плоть мою вросло.
Бьет ветер в лоб, звенят копыта
по самой хрупкой из орбит.
И жизнь моя
в эпоху вбита,
как гвоздь по шляпку крепко вбит.

* * *

Тишина, ограянная галками,
над моей осенней стороной.
Только слышно —
с воем и мигалками
«скорая» летит по объездной.
Пронеслась — и тихо.
Крыта вечными
небесами пасмурная даль.
Тополя оранжевыми свечками
озаряют зябкую печаль.

* * *

Бегут пушинки по реке,
легко взлетают, улетают
и в синеве
июльской тают,
и исчезают
вдалеке.
В подлеске иволга поет.
Сверкает солнце на затоне.
А я слежу из-под ладони
пушинок
ветреный
полет.
Трещат крылами мошкам вслед,
как геликоптеры, стрекозы.
И нет на сердце серой прозы,
а есть поэзия и свет.

Синий троллейбус

Живешь
и подспудно имеешь ввиду
свернуть
с суверенной дорожки.
Я в синий троллейбус
сажусь на ходу.
Троллейбус —
как после бомбежки.
Его пассажиры —
матросы его —
«совки», застарелые лохи —
страну поднимали,
не взяв ничего
взамен от ушедшей эпохи.
Есть пропасть в сердцах
в лихолетье разрух:
кто — нищ,
кто — по-новому крепок.
И те,
что на смену нагрянули вдруг,
не ездят
в троллейбусах-склепах.
Товарищи-братья
(теперь «господа»),
забытые отчей державой.
Их синий троллейбус
Везет в никуда,
воспетый самим Окуджавой.

Из этой жизни

Гремит река,
ворочает каменья.
Зенит зияет сварочной дугой.
Есть мир распада,
тленья
и забвенья…
Но я из этой жизни —
ни ногой.
Покуда солнце
катится
по сини
и обдает полынною жарой.
Покуда
речка
прыгает
в теснине
и по камням
грохочет
под горой.

Как Мамай

Жизнь прошла.
Весна настала
и меня живым застала.
Майский ветер.
Шум берез.
Я смиренен
и тверез.
Ископаем, как Мамай,
встречу ль завтрашний свой май?

* * *

Тяжело тягаться с молодыми
(свой расцвет попробуй-ка верни):
в Интернете, словно в наркодыме,
зависают сутками они.
Под завязку
я набит минувшим!
А они
судьбой живут иной.
Им, в свое грядущее шагнувшим,
уступаю
место под Луной.

Россиянин в Кыргызстане

Я в Азии моей
забыт страной и веком.
Сквозь суверенитет
тут байство при дворе.
Надену ак-калпак,
пройдусь родным Бишкеком,
как если б по Тверской
прошелся в кепаре.

Оса

Залетела в комнату оса,
стала рваться сквозь стекло на волю.
Так и ты несешь земную долю
но за грань стремишься
в небеса.

Удача

Я свою удачу
настигал —
я судьбу, как клячу,
настегал.
Шел на сверхзадачу!
Пот со лба.
Не поймал удачу.
Не судьба.

Самосожженцы

Наивные!
Сгорая с потрохами,
надеются добиться правоты!
Я тыщу раз
сжигал себя стихами.
Но мир плевал на это с высоты.
Живой вопящий факел — Блок, Есенин,
Ахматова, Высоцкий, Пастернак.
Но толпы их забыли средь веселий,
предпочитая нал и master card.
Они алкают не духовной жажды,
на золоте едят, смердят на нем.

Как спичкой,
рифмой
чиркну вновь однажды,
осатанев.
Гори оно огнем!
И, может быть, случайная гражданка,
одна крестясь на огненный мой Спас,
прошепчет в полушоке: «Ах как жалко!».
Но это все не переменит нас.

Закат

В лазури
облака горели.
И пламень вплавился, бордов,
в две огневые параллели
забликовавших проводов.
Народ гулял в лесопосадке.
А там, вдали,
где мрак густел,
холмы, как синие косатки,
взгибали гребни длинных тел.
Во всю округу
тьма летела,
крепясь у каждого куста.
И только там,
где солнце село,
еще светилась высота.

* * *

Меня окружали великие люди,
Но все ж до конца не смогли окружить.
Мне формулу жизни являли на блюде!
А я предпочел не по формуле жить.

Предзимье

Течет река — все камешки видны.
И это поздней осени примета.
В ней нет теперь опасной глубины,
Которая была в разгаре лета.
Меня моя былая глубина
Пьянила риском, удержу не зная.
Да вот теперь иссякла и она.
И тишина в душе моей сквозная.

* * *

Без оглядки
врастал в каждый день я.
То сгорал,
то взбирался на трон.
А теперь
сберегаю мгновенья.
Каждый миг —
как последний патрон.

* * *

Прощай, земная несвобода, —
милейшая из несвобод.
В тебя вошел я с небосвода
и возвращаюсь в небосвод

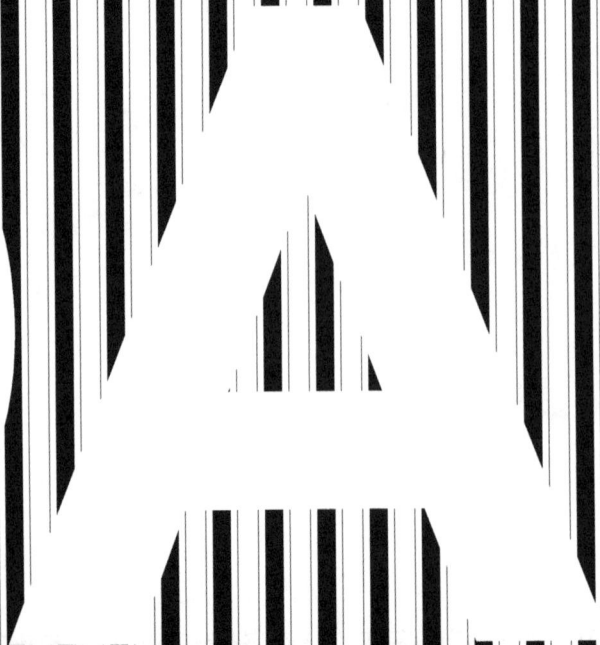

+DAтоп

Виктор

Виктор Фет (США)

Виктор Фет родился в 1955 г. Биолог. Окончил Новосибирский университет в 1976 г. До 1987 г. работал в Средней Азии, затем — в Северной Америке, преподает генетику и эволюцию.
Автор двух книг, «Под стеклом» (2000) и «Многое неясно» (2004). Публиковался в американских альманахах «Встречи» и «Побережье» (Филадельфия), «Альманах поэзии» (Сан-Хозе), «Зеркало» (Лос-Анджелес), в журналах «Литературный европеец» и «Мосты» (Франкфурт, Германия), в альманахе Новосибирского университета «К востоку от солнца» и в других периодических изданиях. Стипендиат международного Хоторнденского фонда (Шотландия, 2001).
Живет в г. Хантингтон, Западная Виргиния, США.

Виктор

Понять прошедшее не в силах

Строки

О строках нерожденных и неспетых
Молись, поэт, забыв свой стыд и страх;
Они сверкнут в забвения волнах,
Дождем растают в бурных Летах,
Как молния, на миг откроют лик,
Раскатятся в груди подобно грому,
И ключевой водою на язык
Придут тебе — или другому.

Откуда?

Откуда мы узнали имена
камней и птиц? Каким секретным взглядом
их разглядели? Кем утверждена
цена всего, что обитает рядом,
но чуждо нам, как облаку — пчела,
как гром — цветку, как времени — пространство?
Откуда мы узнали их дела?
Как мы определили их места,
и в новые вписали паспорта
вещей и слов первичное гражданство?

Иванушка

«Не пей из козьего копытца, —
грозится умная сестрица, —
не то обрушится беда»,
Но далеко до родника.
А на краю солончака
копится долгими годами
в грязи, истоптанной следами,

мутаций мутная вода.
Там жизнь свои бросает споры
в микроскопические поры,
в пустые полости песка,
где меркнет свет, и смерть близка.
Вот путь Аленкиного братца:
рассыпаться и вновь собраться;
в глубь бытия, не в глупых коз
направлен мой метемпсихоз.
Сквозь тел горящий лепрозорий
пройдя каналами латрин,
я царь червей и инфузорий,
я бог фотонов и нейтрин!
Пусть я потомок обезьяны,
я вижу дали осиянны,
летя по линии луча;
я дружен с силою земною,
и вся природа, как парча,
расстелится передо мною!
Мне виден вызов жизни новой,
веществ просторные ряды,
и жесткий луч звезды суровой,
и шок отравленной среды.
И я растаю и остыну,
как песнь в ночи, как угль костра —
и ты тогда войди в картину,
и сядь на берегу, сестра.
И снег сойдет, и в запах прели
легенда новая моя
вольется ручейком свирели
в метаболизме бытия.

Поля, силы и сны

1.
Белы поля, просторны страны,
Открыты помыслы планет.
Ушли поэты и тираны.
Не стало слов, и звуков нет.

Ни в стонах прошлых песнопений,
Ни в сонме звуков и страстей
Не воплотится прежний гений,
А жизнь чем дальше, тем пустей.

Давно наскучила игра,
И бытия забыты силы.
По обе стороны могилы
Жизнь завтра та же, что вчера.

Мешая звезды на ладони,
Вина забытого налей,
А жизнь — чем глубже, тем бездонней
В наивных сполохах полей.

2.

Поля мои, не мучьте душу!
Проходит век сороковой,
Я вашей клятвы не нарушу,
Водою вспоенный живой.

Меня влечет иная тяга,
К той жизни — чем светлей, тем злей;
Ведь мы не знаем зла и блага,
Взлетая в зарево полей.

Мой сон и взгляд не знают меры
И мой огонь неугасим,
Но я лишен упрямой веры
В любой магический сим-сим.

Поля бушуют белой пеной,
Как вишни цвет, кометы хвост,
Или во глубине Вселенной
Короны новых, диких звезд.

Не зная голода и жажды,
Не зная боли и стыда,
Мы перестали ждать однажды
И так застыли навсегда.

3.

Воспоминаньями богаты,
Хотели вечность обойти.
Нам было весело когда-то
На трассе Млечного Пути.

Там, в тесноте местоимений,
В стране дощатых кораблей,
Рождался неизвестный гений,
Принявший подданство полей.

Там пол-Земли под коркой снега
Застыло в царстве января,
Частиц мельчайших легкость бега
Открыв в кусочке янтаря.

Тем наши предки знамениты,
Что на планете молодой
Воздвигли башни и магниты
Для битвы с косною средой.

И наша скорбная планета —
Потомок той, иной Земли,
Где, по преданью, скорость света
Мы слишком скоро превзошли.

Песенка Гамлета

Бывают времена, кода течет
Неторопливо время, как змея,
И знаешь имена наперечет,
И различима каждая струя.

На гору восхождение во сне,
С трубою ангел, рыцарь на коне,
И император в кресле у огня,
А новый снег растает без меня.

Фабр

(сонет)

«Инстинкт, конечно, слеп» — так пишет добрый Фабр
В томах, как Брем, с младенчества знакомых.
Не глуп и не умен, не робок и не храбр —
А просто слеп. Все, как у насекомых.

И ныне, разгадав набор абракадабр,
Как ход жука в стволе, застрявший в хромосомах,
Мы зрим, как ген с инстинктом пляшут данс-макабр,
Где каждый новый шаг предполагает промах.

На юге Франции — полуденная нега,
Там хор цикад средь виноградников незрим.
Фабр пишет: «слеп инстинкт. Он — альфа и омега.»

И на мгновение почти неощутим
Тот век, где хвалится и ижицей, и азом
Побочное дитя инстинкта — разум.

+DA ТОП * 7-9 2010 * plusDA Publishers * Нью-Йорк * www.plusDA.com

Ваза Дервени

(музей в Фессалониках)

Средь золотого винограда
Сидят застывшие они:
Сатир и спящая менада
На медном кубке Дервени.
Вином из кубка льются годы:
Менада спит, и снятся ей
Движенье звезд, богов исходы
Эсхатологии моей,
Олимп бушующий, мятежный, —
Но взор закрыт менады нежной.

Душа, над Грецией кружи,
Пока менаде сладко спится!
Здесь многое еще случится,
И Александра колесница
Еще заложит виражи
И ослепительны и дики,
Еще душа зайдется в крике…
Менада, спи: что ни приснится,
Все выстоят Фессалоники.

След

Слепи себе из пластилина
очередного властелина
в зеленой тоге, без лица.
Дай в лапки липкие монету,
как потемневшую планету,
где жить придется до конца
под властью этого слепца.
Потом сомни его в комок,
чтоб больше зла творить не мог,
чтоб дать урок другим тиранам;
забрось в коробку под диваном.
Потом прошелестят века,
и археологи в пустыне
найдут монету в середине
окаменевшего комка.
И с осторожностью великой
в музейной зале под стеклом
уложат след эпохи дикой,
игравшей в поддавки со злом.

Волна

Как знает точка, где она
на плоскости нанесена?
Послушны мысли геометра
и строчкам древнего труда,
тростник качается от ветра,
рябит остывшая вода.
Вообрази: из ничего
создать иное естество,
совсем другие имена,
и не из атомов и клеток,
а из музейных этикеток:
день, год, провинция, страна,
и кто собрал, в тени кленовой
каких исчезнувших угодий,
свой алфавит для жизни новой
приспособляя, как Мефодий.
А главное — из пустоты,
ошеломляющей и страшной,
поднять ушедшие черты
своей пометкой карандашной.
Так отступает боль тупая
и, прав не переуступая,
игрою быстрой и простой
моя волна на берег скальный,
далекий и провинциальный,
ложится с нужной частотой.

Слои

Погибнув дома и в боях,
прослушав текст постановлений,
найди прибежище в слоях
среди корней и ответвлений,
среди немых, разъятых слов,
на микрофильм отснятых снов,
в той темноте, где каждый слой
перемежается золой.
Понять прошедшее не в силах,
читаем повесть лет унылых,
зашедших солнц, ущербных лун,
где выплавляется чугун,
где вал морской и гром небесный
давно забыты в жизни тесной,
где нам достанется украдкой
пометить истину свою
случайно выпавшей закладкой
в букинистическом раю.

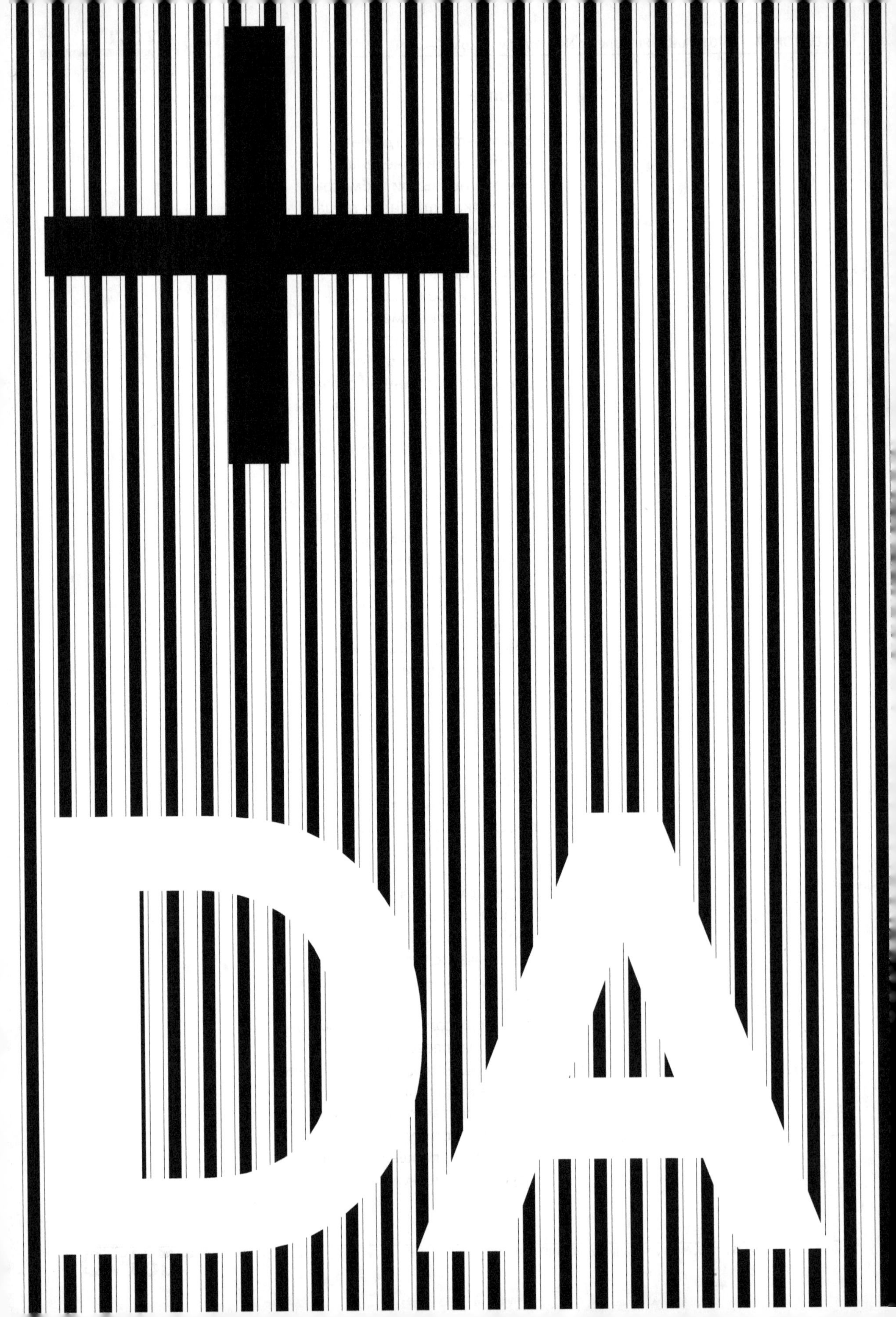
DA

+DAтоп

Алексей

Алексей Бокарев (Ярославль)

Алексей Бокарев родился в 1986 году в г. Рыбинске. В 2004 году, окончив лицей, поступил на филологический факультет Ярославского государственного педагогического университета им. К.Ушинского, где и учится в настоящее время.
С детских лет профессионально занимается каратэ.
Литературным творчеством увлекся в школьные годы. Публиковал стихи в областной периодике. Живет в Ярославле.

Алексей БОКАРЁВ

O del mio dolce ardor

* * *

Ты уходишь? Иди, не держу
тебя больше. Ну, что же ты, рада?
До порога тебя провожу —
Нет, не грустным — бессмысленным взглядом.

Путь свободен. Твой плащ на гвозде
в коридоре. Не хлопая дверью,
уходи. Да, мы больше нигде
не увидимся. Знаешь, теперь я

в это верю, ведь перед тобой
долгий путь по листве облетевшей.
Может быть, в никуда. Только «стой»
я не крикну, листок пожелтевший

перечитывая, торопя
сонный взгляд (обещай мне не сниться!)…
Я от скуки придумал тебя,
но теперь — время комкать страницу.

Улыбнись, ускользая во тьму.
Я останусь один. Нет, со мною
будет музыка, музыка, му…
И за окнами небо ночное.

Отрывок

Поезд был похож… не понять, на что.
И куда он шел, я не мог постичь:
Не то в рай (едва ль), не то в ад, не то
он стоял на месте. Меня опричь,

ни души в нем не было. Лампы свет,
угасая, плыл в море полумглы.
Тот, кто запер наглухо туалет,
постепенно стирал теперь все углы.

Я боялся, что и меня со всем
остальным, как пыль, он легко сотрет.
Лучше быть никем, чем не быть совсем,
лучше мять ногой неокрепший лед,

лучше ехать вдаль, даже если пуст
навсегда вагон, лучше целовать
на стекле оставленный оттиск уст,
чем твой облик в памяти вызывать.

* * *

Намек
на рассвет
стерт.
Стеною обстала
ночь.
Как хочется
все же —
черт! —
исчезнуть
отсюда
прочь.

Где солнце?
И день —
где?
И в комнате
тени
лишь.
Но только
бегут и те —
чуть с ними
заговоришь.

* * *

В этом доме давно нет жильцов и не
хочет действовать ржавый водопровод.
Лишь большие часы на гнилой стене
иногда будят крысу, что тут живет.

Иногда — потому, что она больна.
И лишь труп вы увидите на полу,
чуть войдя в эту комнату, где одна
прожила она в душном своем углу.
А еще до нее тут плел сеть паук,
но и он здесь не выжил, издох давно,
жизнь потратив без смысла — на ловлю мух,
коих здесь отродясь не бывало. Но
мне нельзя не любить этот дом, затем,
что он мой, что его уже не смогу
ни покинуть, ни сжечь, ни спасти ничем,
ибо это — пространство в моем мозгу.

* * *

Мой герой ускользает во тьму.
Вслед за ним устремляются трое…
Я придумал его потому,
что поэту не в кайф без героя.
Борис Рыжий

Заштрихован дождем
и залит темнотой,
под дырявым зонтом
мой шагает герой.
Вслед бегут фонари
мокрой улицы вдоль,
только ярче горит
черным факелом боль.
Только глуше в ушах
металлический стук…
Он идет не спеша
и не смотрит вокруг
(вдоль трамвайных путей —
в никуда, в никогда).
Он улыбкой моей
искривляет уста,
что-то шепчет моим
алым ртом с синевой,
и не светит над ним
ни звезды. Всем чужой,
мимо желтых витрин,
в темно-сером пальто
так шагает один —
если б Некто — Никто.
Громыхает трамвай,
переходит в снежок
дождь. И эти слова
все печальней, дружок.

Больше нет ничего,
кроме слова вперед…

Посмотри на него, —
через миг он умрет.

* * *

Друг, подойди ко мне,
поговори со мной.
Друг, это трудно, не
плакать, когда бухой.

Плакать, смотреть в стакан, —
так лишь и можно жить —
музыку, сон, туман
не разбодяжив, пить.

Всех полюбить за то,
что ты не нужен им,
взять псевдоним «Никто»
и примириться с ним.

Что еще? Только мрак,
холод застывших слез,
бред… но его дурак
примет всегда всерьез:

будет дрожать, как мышь,
об пол стучать башкой…
Что же ты, друг, молчишь?
Поговори со мной.

* * *

Что там о Прекрасной
Даме? Дама стала
шлюхой, проституткой…
Ну, и что такого?

Грустью ежечасной
здесь поможешь мало:
от любого жутко
звука, взгляда, слова…

Лишь шепчу «о, Боже!»
или просто «мама!»,
обескровлен, бледен,
почти мертв до срока.

Я дремал, похоже…
А была ли Дама?
Или все — лишь бредни
                              Александра Блока?

                    * * *

Здесь от холода сводит конечности,
только белое перед глазами.
Это — род обезумевшей вечности,
так жестоко играющей нами.

Нет, не нами, а мной — получается,
вновь я лгу, но кому — непонятно.
Облака, что в зрачке не вмещаются,
из него выползают обратно…

А хотелось немногого: музыки,
чтоб не белое, а голубое,
чтоб слетались — не ангелы — музы ко
мне и плакали вместе со мною.

Но бессмысленно… Сводит конечности,
и — лишь белое перед глазами
Бесконечное небо без вечности.
Одиночество под облаками.

                    * * *

Я с Сепой Бухом водку пил.
Он наливал рукой дрожащей
ее в стакан и говорил,
что хочет жизни настоящей.

Не этой, говорил он мне,
где только пьянство да «колеса»,
где вместо звезд в твоем окне
маячит боль. И ты сквозь слезы

глядишь на заоконный мир,
такой жестокий, но прекрасный,
и нехотя бредешь в сортир,
чтоб вены бритвой безопасной

порезать, и покончить со
всем враз, взлететь над облаками…
И Сепа закрывал лицо
своими тонкими руками.

Стоял и плакал в тишине,
вниз по стене сползал безвольно…
И в то мгновенье было мне
за Сепу нестерпимо больно.

Я понял некое родство —
теснейшее — меж ним и мною.
Что дальше? Дальше ничего
не будет. Только мрак стеною.

Мы равно с ним обречены.
Нас равно жизнь не привлекает,
хоть снятся сказочные сны,
и музыка в башке играет.

Наутро встанешь ото сна,
нальешь воды, опохмелиться
найдешь, и в выпитых до дна
глазах усталость отразится,

И будет грустно… Но зато —
пусть в этом радости немного —
я сочинил стихи про то,
как нам темно и одиноко.

М. Ч.
* * *

…А потом из-под арки
      выходила она,
и тогда в сонном парке
      начиналась весна.

Я стоял, улыбаясь,
      ей уставившись вслед.
И тогда мне казалось,
      что прекраснее нет

ничего в мире этом.
И твердил я себе,
что прекрасным поэтом
стану, лишь по тропе

мне навстречу, навстречу
застучат каблучки
в этот сказочный вечер
счастья, слез и тоски…

Вот и минули сотни,
может, тысячи лет,
только я и сегодня
тупо пялюсь ей вслед.

Я стою, как и раньше, —
идиот, эпигон —
и мне снится вчерашний
недосмотренный сон,

будто бы из-под арки
скоро выйдет она,
и в моем черном парке
вечно будет весна,

чьи-нибудь грянут струны
на скамейке впотьмах…
Упаду и умру на
ее нежных руках.

Почти элегия

Цветы завяли на окне
за желтой шторой…
Пейзаж пылится на стене,
а я, который

хотел бежать из этих мест
поближе к раю,
смотрю на пустоту окрест
и замираю.

А ты, которая стоишь
на заднем плане,
как будто статуя, молчишь.
Да, мы не станем

единым целым никогда:
мы лишь осколки
потерянного навсегда —
и только.

* * *

Один стишок поэта Рейна
был на моих живых устах,
когда я отхлебнул портвейна
весенним днем, присев в кустах.
Какой-то дурочке с литфака
читал я что-то наизусть
и — пьяный — с ней пошел в общагу,
чтоб там свою оставить грусть.
В тот день, сбежав из универа,
я окунулся с головой
в бездонный мрак, я пил без меры
и был доволен сам собой.

Всё это было, было, было
со мной как будто бы вчера.
Был глуп я и — дебил дебилом —
хлебал портвейн «три топора».
С тех пор я повзрослел, я вырос
большой и меньше стал читать
стихов, почти забыты сырость
общажной комнаты, кровать,
стол, опрокинутые стулья…
Еще чуть-чуть — и станут сном
весенний день, давалка Юля
и звезд мерцанье за окном.

* * *

Памяти чуткий радар,
чувства потухший окурок
осень оставила в дар,
мол, наслаждайся, придурок.
Кошками пах коридор,
где из 105-й так робко
«O del mio dolce ardor…»
музыка пела негромко.
Кто в этой комнате жил,
не соблюдая режим
и потихоньку наглея,
музыку-музу лелея?

Я ли он был или кто —
память не скажет, а знает.
Где он теперь и за что
музыкой больше не занят?
Память — глухой коридор,
в смерть упирается плотно.
«O del mio dolce ardor…»
вновь повторяю понотно,
чтобы иметь впереди
музыки имя в груди.

* * *

Никого из меня не выйдет:
        ни ученого, ни поэта…
Ветер лавочки в парке вытер —
        что ж, спасибо хотя б за это!

Посижу, поищу, нахмурясь,
        на вопрос «почему?» ответа,
глядя, как, догоняя юность,
        в темноту поспешает лето.

«Ну, прощайте!» — скажу вослед им
        и тихонечко — лишь губами —
«навсегда» прошепчу — в последний
        раз, не в силах играть словами.

Мне немногое остается —
        в тишине обхватив колени,
наблюдать, как тускнеет солнце
        и как кроны в лучах алеют.

Знаю сам, что стихи дурные —
        это осень во всем виновна! —
но зато они так просты и
        так естественны, словно… Словно
их не я сочинил, а кто-то
        непохожий совсем — от скуки.
Написал — и листок блокнота
        осторожно вложил мне в руки.

* * *

Сдав все зачеты и экзамены,
я получу диплом с отличием,
стихи опубликую в «Знамени»,
красивые до неприличия.
        Вполне своим довольный обликом,
        успехом, прочими деталями,
        пройдусь один, любуясь облаком,
        и вляпаюсь в говно сандалиями.
Усядусь в парке на скамеечке.
смотрите, милые прохожие:
вот я сижу — в карманах семечки,
бутылка в сетке — как похожи мы!
        Какое всё вокруг привычное:
        газон, качели, лавка, мусорка,
        и эта чуточку трагичная
        и опьяняющая музыка!

* * *

еще присылала дурные стихи по мылу
куплеты бессмысленных песен по sms
сообщения удалял стихи читал через силу
и имел к ней чисто физический интерес

хотя совершенно не прочь был даже влюбиться
так бы и сделал право если бы помнил как
ночь звенит в голове и жизнь устала длиться
пора отдышаться галоп заменить на шаг

написать пару строчек чтоб не сидеть без дела
и отправить сквозь темноту приложив стихи
с робкой надеждой что за лето не подурнела
и по-прежнему нежно пахнут ее духи

* * *

Помнишь лагерь, где горны горнили
все о чем-то своем невпопад?
Оглянись: что еще там в горниле
нашей памяти? Помнишь парад
пионеров в столовую, в клуб ли,
или вовсе за клуб — покурить,
как цвело что-то желтым на клумбе,
как меня приучал чефирить?

Я, себя ощущая в упадке,
слушал, как репродуктор хрипел,
что, мол, все хорошо, все в порядке.
Так и было, он правильно пел.
Только я, идиот, почему-то
слово «грустно» внедрил в обиход,
изъяснялся при помощи мата
и читал вечерами «Исход».

Но когда были собраны шмотки
и последний раз горн прогорнил,
мы под дождиком встали и мокли,
сесть в автобус не чувствуя сил.
Вот и тронулись. Помнишь, как город
нарастал за окном, как во сне?
И казалось, что кто-то за ворот
сыплет только что выпавший снег.

                    * * *

как будто наг и наготы смущаясь
ни дать ни взять мифический адам
слежу как все кругом плывет сменяясь
одно другим твой дом и бар агдам

и парк безлюдный где с тобой могли бы
коробка допотопного двора
когда б господь за неименьем глины
из моего тебя создал ребра

к чему просить бессмысленную смелость
исправить что-то коль не по пути
вот нищий тоже просит только мелочь
а мне ее в карманах не найти

так и стою и вроде бы без слез (но
откуда же вся эта чехарда
в глазах) топчу окурок скрупулезно
а надо бы исчезнуть навсегда

и нищий не уходит что бездельник
ты тоже в этой жизни не сумел
постой еще я позвоню и денег
тебе стрельну дружок на опохмел

* * *

Смерть написана повсюду:
потным пальцем на стекле,
трещинками на посуде,
тонким ногтем на скуле,

на упругих юбок складках,
на червонцах и рублях,
в ученических тетрадках
красным цветом на полях,

в черных лужах рябью зыбкой...
И возможно лишь одно —
прочитать ее с улыбкой:
всё, мол, так, как быть должно.

Навсегда запомнить почерк,
содержанье затвердить...
После трех финальных точек
тоже, в общем, можно жить:

слезы подавить в гортани,
видя, как несут с крыльца
пышно убранный цветами
некрасивый труп отца.

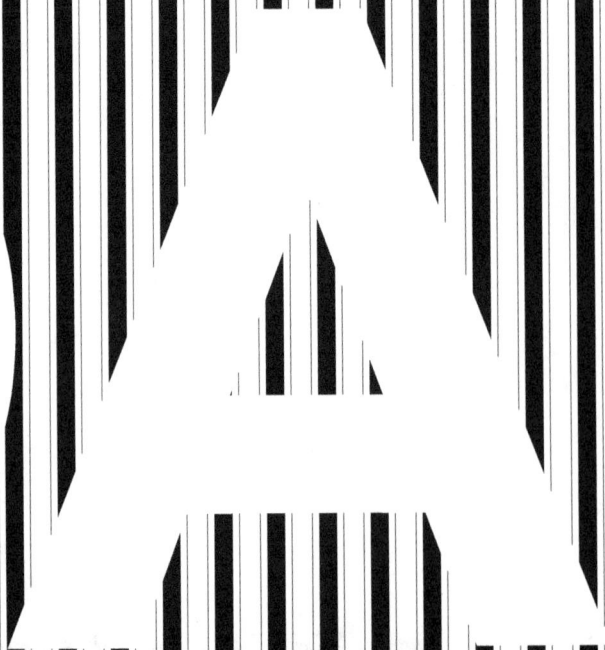

Александр

Александр Файнберг (Узбекистан)

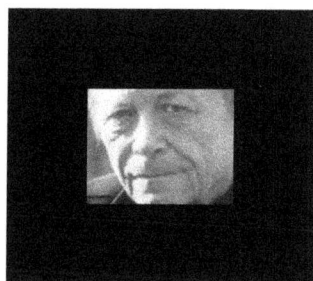

Александр Файнберг родился в 1939 г. в Ташкенте. Поэт, переводчик, драматург, сценарист. Член Союза писателей Республики Узбекистан. Публикации во многих изданиях Узбекистана, России и зарубежья. Автор поэтических сборников «Велотреки» (1965), «Этюд» (1967), «Мгновение» (1969), «Стихи» (1977), «Далекие мосты» (1978), «Печать небосклона» (1982), «Короткая волна» (1983), «Невод» (1986), «Вольные сонеты» (1990), «Не плачь, дорога» (1997), «Прииск» (2000). Участник 2-го Ташкентского открытого фестиваля поэзии (2002). Автор сценария художественных фильмов «Мой старший брат», «Дом под жарким солнцем», «Преступник и адвокаты» и др., а также 18 мультипликационных фильмов. В 2004 г. удостоен звания «Народный поэт Узбекистана», апреле 2009 г. — Пушкинской медали от российского правительства за развитие и укрепление культурных связей между Россией и Узбекистаном Умер 14 октября 2009 года

Александр

Меж Голгофой и Парнасом

* * *

Кого благодарить за радость и за боль,
что жив еще во мне
тот дворик голубой?..

Подъезды без дверей. В сирени все заборы.
Я маме говорю:
— Я дома буду скоро.

Сорвется ветерок с крыла летучей мыши.
Чердачное окно.
Через него — на крышу.

Чуть слышно прозвенит нагретое железо.
Не бездна надо мной,
а словно я над бездной.

На свете ночи нет. Лишь сумерки наплыли.
И звезды надо мной —
на светлом голубые.

С балкона слышу я: — Домой… Девятый час…
— Сейчас, — я маме лгу.
Я маме лгу: — Сейчас…

…До гробовой доски с той крыши не уйти.
Мне сорок… А на ней
все нету девяти.

Там вечная весна. Там время на приколе.
Балкон и синева…
И мама на балконе…

* * *

Смертный толстяк и бессмертный Кощей
сели на травку, глядят на ручей.

Смертный толстяк уплетает при этом
хлеб, да чеснок, да свиные котлеты.

Око с усмешкой кося на соседа,
смертный справляет победу обеда.

Смертный жует. А бессмертный Кощей
молча сидит да глядит на ручей.

* * *

В долине меж Голгофой и Парнасом
горят на солнце шлемы и кирасы.

Не за любовь, о нет, не за любовь —
за тернии и лавры льется кровь.

Лишь Муза, словно только что из рая,
идет себе, на дудочке играя.
Глаза ее печальны и чисты.

А две горы венчальные
пусты.

Сентябрь

Приходит пора золотого пера.
Любимая, осень стоит у двора.
Стоит, осыпается.
            Завтра над ней
проплачет последний косяк журавлей.
На смену туманам придут холода.
В дождях проливных поплывут города.

Любимая,
осень стоит у двора.
У мистера Твистера денег гора.
В моем же владенье
            мерцанье листвы.
Перо золотое, бумага
и Вы.

Да на столе деревянном полна
средь яблок осенних
бутылка вина.
…Осыплются дачи за городом шумным.
Уже к ноябрю приготовлены шубы.
И кто-то вам пишет письмо из Москвы.
Конечно,
          конечно, уедете Вы.
Вздыхаете к вечеру:
— Как я устала.
Как много листвы в эту осень опало.
И все так печально.
          И все так нелепо.
Что делать, любимый?
Окончилось лето.

* * *

Люблю я последние дни сентября.
Скрипичным оркестром охваченный город.
Люблю эту свежесть
          и ясность погоды.
Природа спокойно уходит в себя.

Уходит… Как мало уверены мы,
что все возвратится к нам после зимы.
В последних туманах скрипят флюгера.
Любимая,
          осень стоит у двора.

Она в догоранье короткого дня.
Прощаньем овеяны кроны и лица.
Все шепчет «прости»
          и не может проститься.
И женщина горько целует меня.

Ночь

Прямого месяца лучина,
мечети круглая стена.
В развалах лип медоточивых
не умолкает бедана.

А под недвижною чинарой
в пустой открытой чайхане
худой старик у самовара
лежит спокойно на спине.

Сплетая тени над колодцем,
струится юная лоза.
И месяц через листья льется
в его открытые глаза.

А за далекою калиткой
поет полночная струна.
И сладко медом пахнут липы.
И не смолкает бедана.

* * *

Здесь и просторно, и высоко.
И к чайхане на берегу
сбегают мазанки поселка
и замирают на бегу.

Чайханщик горд самим собою.
Постиг он звездные миры.
Восходит в небо голубое
зеленый свет от пиалы.

Собака дремлет под навесом.
И с вечной думой о земном,
присев на корточки, невестка
разводит дым под казаном.

Здесь те же ниши, те же плошки.
И в центре низкого стола
ложится свежая лепешка.
Она по-прежнему кругла.

Все моей памяти знакомо.
В снегу вершины. Этот быт.
Калитка. Дворик. Номер дома.
Лишь номер века позабыт.

Саратан

Восточной флейты зной и заунывность.
Под солнцем бесконечный солончак.
Тень ящерицы в трещину забилась,
стоит верблюд с дремотою в очах.

А за дувалом стон перепелиный,
там все, как было создано творцом.
На свой очаг, что вылеплен из глины,
глядит старуха с глиняным лицом.

Дом самодельный слеп и скособочен.
Жара недвижна с четырех сторон.
И замер на стене до самой ночи
мой звездный знак — зеленый скорпион.

* * *

Тоска покинутой деревни.
На крыши падает зима.
Кривые голые деревья.
Пустые черные дома.

Неслышный плач сожмет мне горло.
Вот повод горькому вину.
Сойду по скользкому пригорку,
в колодец старый загляну.

Дохнет в лицо чужая стужа,
и обожжет ладони лед.
Аукну, свистну — все впустую.
Никто в колодце не живет.

Скрипят разбитые ворота.
В сугробах колышки оград.
Лишь одинокая ворона
шуршит крылом о снегопад.

Письмо

От северных угрюмых берегов
тебя в тоске влечет неодолимо
к моим горам, в зеленые долины,
в сады под легкой тенью облаков.

Летишь на плеск прохладный родников.
А что как время все уже спалило,
и только звон потрескавшейся глины
ударит в глубину твоих зрачков?

А что как сердцу милая душа
сгорела и не стоит ни гроша?
К чему тебе такая неизбежность?

Оставь ее. Пусть будет далека.
Уж лучше без нее тоска и нежность,
чем с нею безнадежность и тоска.

РОДИНА

Меж знойными квадратами полей
она легла до самого отрога —
гудроновая старая дорога
в тени пирамидальных тополей.

Я в юности не раз ходил по ней
с теодолитом и кривой треногой.
Я пил айран в той мазанке убогой,
где и теперь ни окон, ни дверей.

Печальный край. Но именно отсюда
я родом был, я родом есть и буду.
Ау, Европа! Я не знаю Вас.

Вдали орла безмолвное круженье.
В зубах травинка. Соль у самых глаз.
И горестно, и счастливо мгновенье.

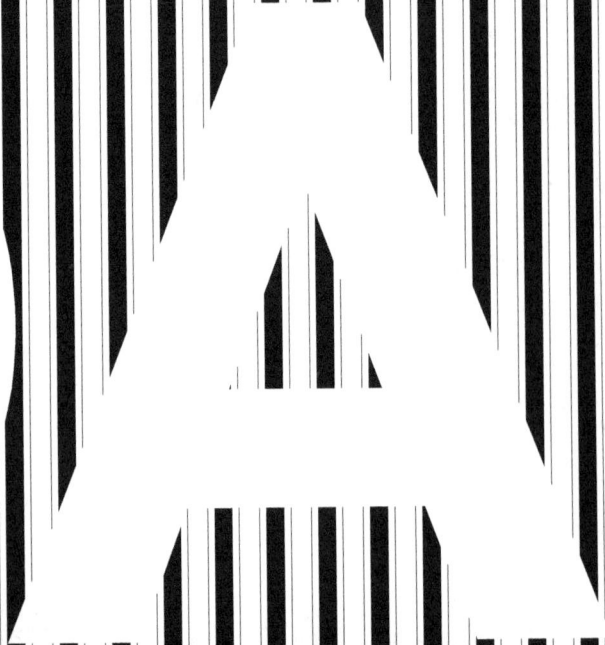

Марианна

Марианна Голодова (Курск)

Родилась в 1982 г. в Курске. Закончила музыкальную школу по классу скрипки. Училась в Курском медицинском колледже, работая на станции скорой медицинской помощи, а также в отделении детской хирургии.

Первые стихи Марианна написала в 16 лет, под влиянием поэзии серебряного века: Есенина, Блока, Цветаевой.

Немного позже участвовала в литературных конкурсах на страницах местных газет.

Далее нигде не публиковалась, посвятив себя частной медицинской практике.

Марианна

Нежный Демон

Мой Демон нежный,
Благодарю тот день и час,
Когда судьба небрежно
Столкнула нас…

Небесный родник

Для меня и ни ад и ни рай.
Ни на что не падёт выбор мой.
Где-то есть неизвестный край,
И туда я иду, как домой.
И не выбор обыденный путь -
Не хочу бесчувственной быть.
Я поглубже хочу вздохнуть,
Чтоб мгновеньем на свете прожить!
 Я взлечу высоко-высоко…
Где - то там небесный родник…
Отыщу , если он далеко,
И пожертвую всем лишь за миг!

Мгновение

Ты - моя неистовая сила!
Ты - моя живительная влага!
Сердце сумасшедшее застыло,
И куда-то пропала отвага…
Ты сегодня солёный, как море,
Облекаемый лунным светом.
Наполняя до края собою,
Отступаешь, увлекая следом.
Блеском звёзд пред тобой рассыпаюсь,
Все пути к себе открывая…

Я пришла сюда и останусь
Здесь, ну моря, тебя ожидая.
И вся суть лишь в одном движении
Двух частей одного мироздания,
В мимолётном солёном мгновении,
В ритме слепого желания…

Две свечи

Уезжая, она оставляет ключи,
Забывая дорогу в свой дом.
И стоят на окне две потухших свечи,
И мешает дыханию ком.
Эта песня любви не допета вдвоём,
Эта чаша любви не допита.
И уходит она, забывая о том,
Что навечно не будет забыто.
И уходит она, запрещая себе,
Оглянуться на пепел и прах.
Один миг… и осталась одна на земле,
И судьба её в божьих руках…
Почернел и потух её пламенный взор.
Ни цветы, ни трава, ни люди,
Ни осенний листок, ни морозный узор
Её сердце тревожить не будет.

Ветру…

Ветер, мой друг,
Ты пропой всем вокруг,
То о чём я молчу,
И чего так хочу!
Пусть затихнет земля,
Понимая меня…
Аль не ведьма ли я?
Аль не ночь мне сестра?
Призываю к себе
Все дожди и ветра!
Ты дыханием моим
Его ветер овей!
Ты слезою моей
Его ливень омой!
Чтобы этот печальный
И ласковый зверь
Навсегда стал моим,
Навсегда был со мной!

Все дороги к тебе

Все дороги к тебе, моя слабость,
Или сила моя, не знаю.
То я чувствую бурную радость,
То мне кажется, будто я таю.
Толи мысли мои так упрямы,
что ты видишься в снах всё время?
Или в сердце застывшие раны?
Или памяти прошлое бремя?

***

Я КОГДА-НИБУДЬ ВСТРЕЧУ ТЕБЯ
В НАШЕМ СТАРОМ УСТАВШЕМ ГОРОДЕ.
ЛЕТНИМ ЗНОЕМ ЛИ,
В ЗИМНЕМ ХОЛОДЕ
Я СЛУЧАЙНО ВСТРЕЧУ ТЕБЯ...
НЕЗАБЫТОГО МНОЙ,
НЕ ПРОЩЁНОГО,
И НАВЕЧНО ЛЮБОВЬЮ КРЕЩЁНОГО,
Я КОГДА-ТО УВИЖУ ТЕБЯ...

***

***

***

УДИВЛЯЮСЬ ВСТРЕЧЕ,
А НА СЕРДЦЕ БРЕМЯ.
В ЭТОТ СТРАННЫЙ ВЕЧЕР
ВСПЯТЬ ВЕРНУЛОСЬ ВРЕМЯ...

ТЫ

Ты куришь туман,
Выдыхая тишину.
Твоя правда-обман,
Тебе легче одному.
Ты играешь в любовь,
Так мечтая о ней.
Но без жалости убьёшь,
если скажут «убей».
Ты ищешь свой путь,
Не желая найти.
Ты хочешь шагнуть,
Но не можешь идти...

Я не нарушу твой жизненный план...
И так в твоём сердце
лишь серый туман.

***

Мы простимся с бесстрастными лицами,
чтоб уже не увидеться вновь.
Мы останемся дикими птицами,
И не вспомним про нашу любовь.
Нам достаточно будет воли,
Наша гордость страдать не будет.
И никто не покажет боли,
И в отместку никто не осудит.
Не нужна нам прощальная драма.
Все эмоции наши на грани...
Пусть в душе кровоточит рана,
Но зато она будет в тайне.
Но как глупо, больно и жутко
Так спокойно тебя отпустить.
Закрываю глаза на минутку,
представляя как дальше прожить...
Но я всё же тебя отпускаю,
ты мой тёплый, желанный, живой!
Ты погибнешь со мною, знаю.
Потому расстаёмся с тобой.
И бессмысленны эти строчки,
раз ничто изменить не могут.
Прозаично поставлены точки,
и стихи нам уже не помогут.

***

***

***

Я не чувствую боль,
Только ужаса крик.
Я вокруг ничего не вижу.
Стала сладкою соль.
Стала тяжкою роль.
Знаю только одно — ненавижу!
Ненавижу людей.
Ненавижу себя.
Я останусь одна навсегда!
Если скажут «прозрей» —
Засмеюсь и уйду,
Чтоб уже не прийти никогда.

ТИРАЖ10
ОДОБРЕНО
МИНИСТЕРСТВОМ
ОБРАЗОВАНИЯ

УЧЕБНОЕ
ПОСОБИЕ

В планах издательства +Да Паблишерс — выпуск справочников
в серии **+DA ТОП СПРАВОЧНИК**.
Подробнее с содержанием и датами выпуска отдельных справочников
можно ознакомиться на сайте издательства — **www.plusDA.com**

Справа— обложка справочника:
РУССКИЙ ЯЗЫК (Расуль Ягудин)

СПРАВОЧНИК РУССКОГО ЯЗЫКА
Расуль Ягудин

Это издание – уже десятое. Первые девять
изданий вышли в свет общим тиражом в 55 тысяч
экземпляров и завоевали большую популярность
среди учителей, школьников и студентов России.

Успех книги был столь очевиден, а спрос
на неё оказался настолько велик, что было
решено продолжить её издание с тем, чтобы
учащиеся других стран и вновь подрастающие
дети не остались ущемлёнными. Данный
справочник – наиболее простое и доступное
для восприятия учебное пособие по русскому
языку на современном книжном рынке мира. Это
подтверждается высокой эффективностью занятий
с использованием справочника – все школьники и
студенты, которым довелось изучать русский язык
по предлагаемой книге, довольно быстро вышли на
качественно новый уровень правописания, достигли
серьёзных успехов в деле развития теоретической
грамотности и правильного практического письма.

Пользуйтесь книгой, пишите грамотно и будьте
счастливы!

РАСУЛЬ ЯГУДИН

РУССКИЙ ЯЗЫК
ЯЗЫК

HANDBOOK OF RUSSIAN LANGUAGE
СПРАВОЧНИК

ГРАММАТИКА

ОРФОГРАФИЯ

ПУНКТУАЦИЯ

+DA
+DA / plusDA Publishers
www.plusDA.com

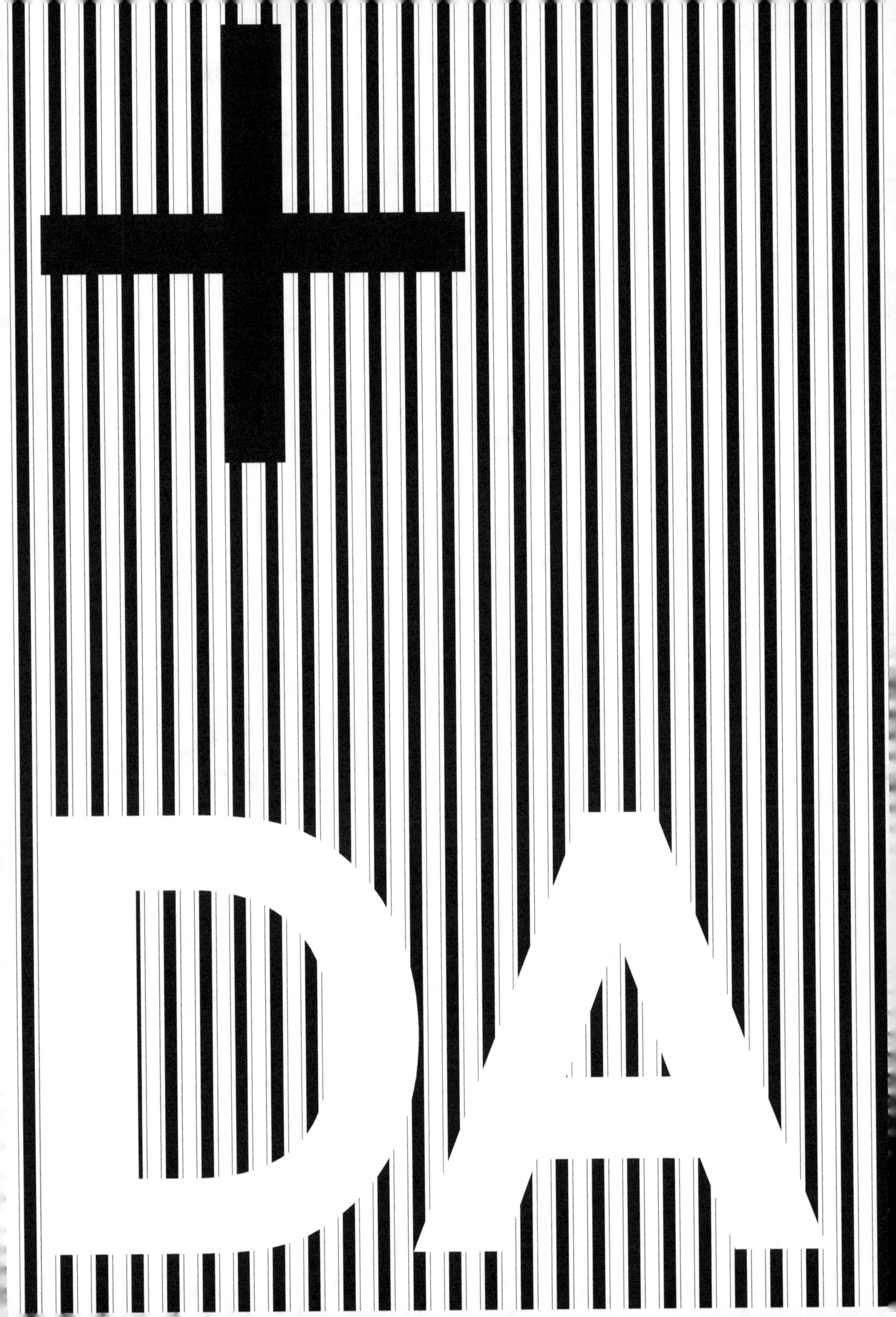
DA

+DAтоп

Алик

Алик Верный (США)

Алик Верный родился в 1962 г. в Киеве. Эмигрировал из СССР непосредственно перед развалом, использовав первую же возможность — был приглашен со своей рок-группой («Квартира 50») участвовать в культурной программе чемпионата мира по футболу в Италии (Рим, 1990). С тех пор жил в Югославии (во время войны), потом в Австрии, а затем переехал в США, где живет и работает по сей день в Нью-Йорке.

Образование — архитектор (Магистр Архитектуры), программист. В СССР Алик Верный был профессиональным рок-музыкантом, театральным актером, композитором и исполнителем музыки для фильмов, сценаристом. В Европе и США прошел извилистый путь от бездомного уличного музыканта к свободному фотографу и радио-продюсеру (сценарии, производство и ведущий передачи, музыка к передачам — «Доктор Алик»).

Алик

Немножко для ожирения мозгов

* * *

Красный,	зелен	болот	смрад.
Сила	вышла	слюной	рифм.
Ясно.	Зельем	порот.	Рад.
Солью	дышим,	пятой	нимф.
Сказка —	берег	моей	тьмы.
Черный	ворон,	пошел,	дрянн!
Скачкой	белой	по ней	мы,
Чернью	воров,	ножом	ран!
Ласка	треплет	души	бронь.
К черту	муки,	давай	песнь
Таска,	трепет,	глуши	вонь
Черствой	суки.	вставай,	спесь.
Маски	новы,	легки	рты.
Честью	платим	за сад	роз.
Краски	слова-	плевки.	Ты —
Честный	плут	из засад	розг.
Костность	мысли	несу	я.
Гвозди	пальцев	мутят	сны,
Костью	смысла	не	суя.
Воздух —	смалец.	Муть	весны…

Когда лень и суетно

Устав бренность суетить ворохом,
Громоздить кромешный гром врак,
Взвоешь волчьим матерым шорохом,
Убежишь от всех житейских драк.
Звон день дарит утром там,
Лист чистит озоном воздух,
Травы шелест роняют нам
Где ты жиром копишь дух.
Что — не то?
Плен тлен!

Покой — хоть вой.
Твой — не мой.
А я немой.
Левый правой.
Предусмотрителен
Где-то…

Теперь о теле

В постели
Два
Тела
Друг друга
Хотели.
И в этой
Постели,
По целой неделе,
Они, как
Умели,
Потели,
Пыхтели
И снова
Хотели.

Прошло
Две недели,
Потом три недели
 И снова неделя,
Еще три недели,
Затем две недели,
Телам надоели
Пыхтенья
В постели.
Хотенья
В постели
Телам надоели.
И в этот
Момент
Вдруг
Заметило
Тело,
Что
Тело другое
Такое плохое,
Такое кривое,
Такое.
Такое!
ТАКОЕ!!
ТАКОЕ!!!

Такое,
Как все.
Все, как,
Такое.

Ресторан «Мир»

Ресторан «МИР» —
Толпа у входа.
Представители народа,
Одеты по моде,
Пришли на пир.

Публика отдыхающая.
Себя показать,
Попялить глаза
В переполненный зал
Желающая.

Где танцы — веселье.
Стремятся усердно
Все заодно,
Но маленькое но
От усердья вспотели.

Мальчики девочек смотрят,
Девочки — мальчиков,
И из стаканчиков
Чистыми пальчиками.
Вливают в горло яд.

Спросить бы из них кого:
— Ты счастлив?
В глазах участье:
— Не часто
Бывает так весело. Ого!

Все счастливы,
А вы?

Средство от

Пуская слюни,
Разинув рот,
Иду к мечте.
Но вот
Растроение —
Три дороги.
Мое настроение —
Ни налево,
Ни направо.
Иду
Прямо.
Уверен.
Прав.
Умерен.
Брав.
И вдруг
Исход:
Не видят глаза,
Не слышат уши,
Нем рот.

Жаль

Жаль,
Когда дни пусты,
                Удушливы от суеты,
А ты
От них не убежал.
Но кто
      Мешал
Прийти к мечте?
Ты скажешь —
              Те,
               Кто,
Скользнув взглядом липким
По развороченной
Душе твоей
           Хлипкой,
С улыбкой
Сказал:
— Заверните.
Почём десяток?
Или те,
      Которые
      Везде,
      Наступая на пятки,
      Растоптав тебя

И
Твою душу,
Пролезут
И
Твою тушу
Полезно
Выдавят.
Или те,
        Что
Тают в улыбке,
Мертвой и зыбкой,
А
Потом,
Чуть   что
С потом,
Со страхом,
Со злобой
Скажут:
— Что вы. Что вы!
Мы не знаем,
Он кто.

Но это не то.
На них
Плюнь.
А то
Жаль
Будет,
Что не ты
Живешь,
А скоты.

Бумага № 1

Бумага белая
Цветной
Сказала:
— Я —
СамаЯ.
Цветная внимания
Не обращала.
Думала:
— и Я
Не худшая

А ручка чернильная
Их замарала
И сказала:
Я.

Лес

Как здорово, о? город,
Что
Ты,
Остался
Позади.
Впереди
Новый интерес —
Лес.
Влез
В
Автобус. Скорее! Снова
Ночью
Навсегда
Нырнуть —
И
Наугад,
Куда-нибудь.
Не
Буду
Больше
Дышать вонью твоих машин,
Шелестом
Шин!
Шик!!!
Стоп.
Приехали.
Смеха, счастья полон рот.
Просто
Перед
Нами — лес.
Весь.
Исчезла
Боль.
Ныряем,
Поле, в
Тебя,
Потом — дальше.
В
Деревья
Окунаемся.
Всяк
Рад.
И ты.
Братья
И
Он, и Она , и Оно.
Счастливы.

Выйди на окно поляны.
— Раны
Ныть
Не хотят.
Хотя бы
Часок
Еще
Здесь побыть!
Зачем мы променяли тебя, природа,
На
Жалкие
Вонючие
Грязные
Города?!

Немножко для ожирения мозгов

Кушаю яйцо.
Лицо
От удовольствия

В покойствии.
Кушаю компот.
Тот,
Кто сварил его
Парень ничего.
Кушаю вино.
Оно
В желудке покоится,
Весело становится.
Я сыт.
Я   мыт. Я   брит.
Убит.

Ш-ш-ш-ш-ш-ш-ш-ш

Тишина. Шорох,
Шелест
Слышен каждый дважды.
Хорошо,
Что это
Однажды,
А не всегда.
Туда попадешь —
Жутко.
И —
Не уйдешь
Больше.

Толще
Слух.
Ухо лучше.
Шепот мучит.
Не надо!
Прочь!
Уберите пожалуйста
Это.
Кто не прочь
Помочь…
Дайте гром нам!
(Кроме,
Конечно,
Тех, кому он не нужен.)
Тяжело
Без него
Горожанам.

Несколько секретов по поводу борьбы с часами

Часы, презренно стеклом блестя,
Отсчитывали
Времени
Громадную
Тяжесть,
Рассчитывая
Мне
Гроба

Жесть. Жестом
Стрелок своих
Тарахтя.
Они намекали Деликатно,
Что
Бесплодна
Жизнь,
А время
Безвозвратно.
Лень
Развратом души поедает минуты,
Часы
И
Дни,
Отупляя мозг.
Розги-мысли
Стучатся
Без

Спросу
В головы борт.
Тьфу, черт.
— Часы хвать,
Об пол хлоп!
И,
Спокойно,
Отдыхать на кровать…

Птички

Птичк-Чирик,
Чирик
Хорошо,
Черт
Побери!
Ручей журчит, как кран испорченный.
Пень старый во мху скорчился,
На деревьях свет от зари.
Хорошо,
Черт побери!
Лезет
Зелень
В январе
На
Дворе
Из-под травы жухлой,
Пухлый
День
Оттаял У двери…
Хорошо!
Черт
Побери.
Побери черт, хорошо!

У дверей фонаре

Синие
Фонарей
Зрачки-точки
Из тумана
Вздрагивают
На
Нас
Настырно,
Нахально наступают обманом.
Зелен

Гам
И
Фиолетов
Он.
Но.
Сер, мокр, мерзк, — брысь!

Рысью
Пошел
Вон. Фон — Нов. Нов,
Нов,
Нов
Фон.
Вей
Фон,
А рей
Флагом!

Будем надеяться, что не всегда говорят то, что думают

Мне сказали:

Ты — дурак.
Так…
Мне сказали:
Ты — не тот.

Вот…
Мне сказали:
Ты — хам.
Там…

Мне
Сказали:
Ты —
Тип.

Влип…
А так хотелось, чтобы сказали что-нибудь
Хорошее.
Очень, Очень, Очень
Хотелось.
И сказали…

Чужая душа — потемки

Опять
Занял чужой души пядь,
Хотя желал не занимать.
Мираж.
За ним ать —
Два. Левой-правой.
Правил не нарушать!
Своей
Души очень даже хватало.
Да все мало! Мило, но мало.
Малость чужой, которая — потемки.
Красивая, хорошая, сильная,
Силой — хвать!
Пока хватит.
Остальное — потомкам.
Потом камень со своей — вон.
Вместо
Него —
Кусок чужой душонки.
Пошел хорошо!
Хорош кусок.
Хороший.
Жаль — мал…

Не слишком ли просто?

Манекены
Мы ли?
Я
Ты
Он
Она
Мы.
Взглянем трезво.
Предрассудки смыли:
— Мы ли не манекены?
Не манекены ли мы?
Не мы ли манекены?
Носим
Одежды
Красивые.
Нос
Им,
У кого таких нет, утрем:
Смотрите, сиволапые, сивые.

Утром
Дежурное
Лицо
Надеваем.
Вам ли
Не
Угодно взглянуть.
Что — муть?
Мутно?
Мутновато?
Ватой уши души не заткнуть.
Слушайте
Слова
Не
Свои,
Но
Приятные:
(Не те,которые — как кнут.)

По секрету — как манекен манекену —
У вас лица
Цвет, даже не от генов,
А
Так,
По себе сам
Обворожителен!

(Положительно не устоишь от таких
Атак.)
Или
Еще — как
Манекен
Манекену — о женщинах-манекенах. Ах!
Ах!
Ах!! Ах!!!
Люди,
Перестаньте…[купюра издателя]

Если бы!

Зашиб Ушиб ты.
Встал. Больно.
Опять упал. Вольно
Боль затаил.
Обиду тоже. Кто же
Поможет?
Может
Можешь Сам?

(С усами, мол)
Можно попробовать встать и самому.
— Можно!

Мажор в ушах.
Судьбе — шах. Х.
Хочешь нас бить, сволочь — судьба?
— Нас — рать!
Левой — ать, Правой — ать.
В левый глаз,
Правый глаз —
Раз.
Левый мой,
Правый твой —
Пой.
Что, получила?
Получил,
А?(С усами, мол)
Можно попробовать встать и самому.

Маленький Карлов

Маленький Карлов заходит в большую аптеку
Нежно, нежно
Дайте мне круглых штучек в квадратных пачках
Я хочу чтоб у меня не было деток
Маленьких Карловых, маленьких деток больше на свете

Бедненький Карлов
Ему отвечает девчушка
Нежно, нежно
Что продает эти штуки в аптеке
Нежно, нежно
К нам приходил Гигантов из Внешних Сношений
Нежно, нежно
И раскупил он все эти самые штуки
Нежно, нежно

В глазе печальном девушки белой
Вдруг засверкали тени свиданий
Дрожью всплеснулись слезы сплетений
Искры взметнулись раны заметны

Девушка видимо что-то увидела
В теле тщедушном
В воздухе душном летних мечтаний
Нервно душевно запричитала

Маленький Карлов
Маленький мой
Мой дорогой
Идем домой
Будем дружить
Нежно, нежно
Вместе дрожать
Нежно, нежно
Детей рожать
Нежно, нежно

Звезды печали им отвечали
Тучи пустыни утром остыли
В медленном беге зарева белом
Нежные мысли с неба повисли

Мысли простые в сердце простылом
Чудное сердце с закрытой дверцей
В страждущих листьях милые лица
Делали дело в печали белой
Обняли свечи девичьи плечи
Влагой открытий тени покрыты
В блеске свирелей радости белой
Зависти черной запах копченый

Спели в постели зов свиристели
Жажда любая скрыта в любимой
Попросту нужно ласкаться нежно
Нежно, нежно
Этим я верю откроем двери
Нежно, нежно

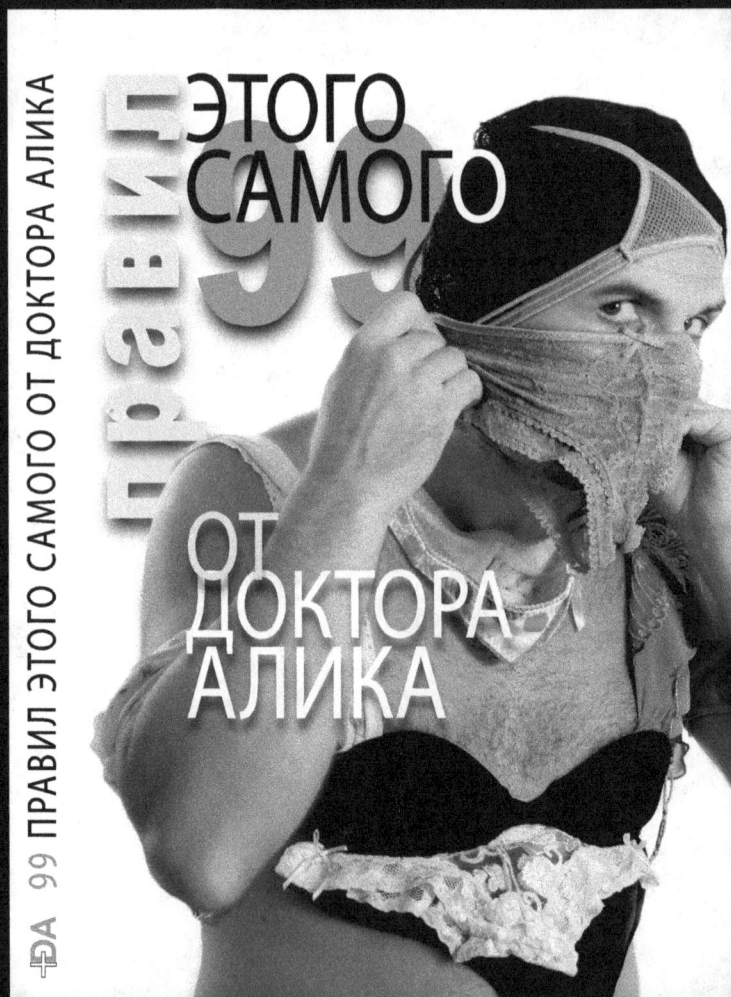

99 ПРАВИЛ ЭТОГО САМОГО ОТ ДОКТОРА АЛИКА
Доктор Алик

Сборник правил этого самого (известно чего) от Доктора Алика, скандально известного ведущего сексуально озабоченных радио-шоу. Своего рода сборник этикета для мужчин и женщин, или «Что вам не говорила мама, вплоть до выпускного вечера. Да и после тоже».

Доктор Алик возник на просторах Вселенной в 2008 году. Его неоднозначные радио-шоу повергали в смятение хозяев радиостанций, но хорошая спонсорская поддержка делала свое дело, и Доктор шумно шагал по радиоволнам США, России и Украины. Нагрянул кризис, спонсоры свернули финансирование, и станции радостно избавились от этого возмутителя спокойствия.

Оказавшись не удел, Доктор решил использовать передышку с пользой и записать на бумагу все, о чем он вещал в своих передачах. Так родилось несколько тематических книг, первую из которых мы планируем опубликовать в декабре 2010 г. Ее обложка перед вами, и она говорит сама за себя. Это свод юморных и, часто, шокирующих правил сексуального поведения — как для мужчин, так и для женщин. Вот лишь несколько из них (их, конечно же, намного больше, чем 99):

30. Настоящий мужчина, идя по улице с дамой, никогда не рассматривает проходящих мимо девушек, даже если у них классные «эти самые». Некоторые могут сказать: жена — не дама, при ней можно. Неправильно — при ней нельзя, без нее можно. При друзьях тоже можно, но вот при друзьях и при ней — нельзя в квадрате.

33. Настоящий мужчина всегда добьется того, чтобы женщина «это самое», пришла к финишу. Даже если она этого не хочет.

35. Если настоящего мужчину пилит жена, он не будет злиться или бросаться вещами, а спокойно скажет: «Женщины делают большую ошибку, пиля палку, на которой часто сидят! Подумай об этом». Я много раз проверял — женщин эта фраза вгоняет в ступор, и они замолкают.

В жизни фэшн-фотографа однажды все обрушилось: любимая женщина сошла с ума, превратив его жизнь в настоящий кошмар. Все, чем действительно дорожил наш герой — любовь и семья — умерло на его глазах.

Оказавшись в одиночестве, он, с горя и по глупости, начал тройную игру: выпивка, рок-н-ролл и женщины, которые проходят в его жизни бесконечным строем. Одна из его временных пассий, наконец, заставляет его задуматься. Изводя героя бесконечным потоком писем, звонков и сообщений, называя его существование «пустым и никчемным», а его самого — Дьяволом во плоти, доставляющим женщинам лишь страдания, она невольно вбивает гвоздь сомнений в его одурманенный мозг, хоть поначалу он и смеется над этим. В это же время он встречает Лёлю — Золотую Пусю. Но пока он об этом не знает и пытается продолжать свой «поиск Вечного Оргазма». Тем более, поддерживать отношения с Лёлей легко и приятно — их разделяет океан.

Герой боится настоящих чувств и пытается укрыться от них в новом озере алкоголя, море секса и сточной речке бездушных, пустых отношений. Но постепенно бескорыстная любовь хрупкой и нежной Лёли меняет его жизнь. Рыжая умница с зелеными глазами заполняет образовавшийся вакуум теплом и нежностью настоящих чувств.

+DA/plusDA Publishers
www.plusDA.com

+DA

+DA TOP 20 * Almanac * Best Russian Poets 7-9 2010

ISBN-10 0-98284-043-8
ISBN-13 978-0-98-284043-6

© Составитель Ягудин Р.М., 2010
© plusDA Publishers, 2010
Издатель: plusDA Publishers, New York
Арт-директор, обложка, графика и титул — А. Верный
Компьютерный набор и верстка — Владлен Феркель

Address: plusDA Publishers, PO Box 1183, LIC, NY 11101, USA

www.ingramcontent.com/pod-product-compliance
Lightning Source LLC
Chambersburg PA
CBHW081540040426
42448CB00015B/3155